红书坊课外阅读

以读促写自我篇

太阳花般科学狂

Taiyanghua ban Kexuekuang

石真平 编著

时代出版传媒股份有限公司
安徽美术出版社
全国百佳图书出版单位

图书在版编目（CIP）数据

以读促写自我篇:太阳花般科学狂 / 石真平编著. — 合肥:安徽美术出版社,2012.12
（红书坊课外阅读）
ISBN 978-7-5398-4191-5

Ⅰ.①以… Ⅱ.①石… Ⅲ.①阅读课 – 中学 – 课外读物②作文课 – 中学 – 课外读物
Ⅳ.①G634.303

中国版本图书馆 CIP 数据核字(2012)第 308760 号

红书坊课外阅读·以读促写自我篇·太阳花般科学狂
石真平　　编著

责任编辑：史春霖
助理编辑：吴　丹
封面设计：高　幻
责任印制：李建森　徐海燕
出版发行：时代出版传媒股份有限公司　安徽美术出版社
地　　址：合肥市政务文化新区翡翠路 1118 号出版传媒广场 14 层
邮　　编：230071
印　　制：合肥瑞丰印务有限公司
开　　本：787 mm ×1092 mm　1/16　印　张：15.75
版　　次：2013 年 1 月第 1 版　2023 年 1 月第 2 次印刷
书　　号：ISBN 978-7-5398-4191-5
定　　价：45.00 元

本书的编选参阅了一些报纸和著作，由于多种原因我们未能与部分入选文章作者(或译者)取得联系，在此深表歉意。敬请原作者(或译者)见到本书后，及时与我社联系，我们将按国家有关规定支付稿酬并赠送样书。

致同学们

语文是学习任何知识的重要基础，也是人在成长过程中习得语言技巧、开启与掌握人文知识大门的一把重要的钥匙。不少同学都希望自己有一双善于发现的眼睛，有一支才情横溢的笔，怎么才能得到呢？必须有厚实的底气。底气来自读书、读好书，来自读好书时的思考。好书好文章的作者大多是思想者，他们都有着各自不同的语言风格，与他们"心灵对话"，你会发觉你在快速成长，因为你正在不断吸取"文化精气"。

尽管我们的语文课，经过近几年的教学改革，已经有了长足的进步，但如何推荐良好的语文课外知识读物，一直是语文教学的难点。目前已经出版的课外阅读图书可谓多矣，但大部分仍局限在围绕课堂练习、课堂语文知识收集文章，或评点历届高考文科状元等，编撰千篇一律，阅读者受益不多。由此，我们通过市场调查，精心收集，编写出这套《红书坊课外阅读》，旨在提高中学生的阅读能力、社会实践能力，而又无需占用大量时间即可补充实际教学中所出现的部分不足。

这是一套以读书促写作的丛书，在内容和框架上，我们做这样的安排：按内容分类，分为自我篇——《太阳花般科学狂》、自然篇——《读你千遍不厌倦》、社会篇——《世界很小很大》、历史篇——《追随文明的足迹》。每篇所收集的名篇时文，都附有必要的背景知识和我们的心得点滴，学生习作则分别附有教师及大学生的旁批或点评。这些读文手记，既有思想的火花、灵感的触角，也有写法的喝彩、技巧的点拨。一些篇章还设置了"尝试动动笔"的交流平台，同学们可以尽情比试。

期待爱读书和有心练笔的同学能喜欢这套丛书，更希望这套书能对炼就同学的锐眼和神笔有所帮助。

当然，由于编写时间仓促，书中难免出现这样那样的问题，希望同学们看到后及时指出，以便在修订时改正。祝同学们学习顺利，身体健康。

编　者

2012年2月

目　录

第一辑　成才的舞台

第二辑　我为科学狂

第三辑 百年大计

第四辑　心灵的绿洲

·名篇赏析·

·学生作品·

第五辑　仁心仁义

·名篇赏析·

·学生作品·

第六辑　向经济学家那样思考

成才的舞台

不想无知,就学习文化吧!

不愿庸俗,就走近艺术吧!

这儿有一个特别的舞台,正在上演精彩纷呈的节目。他告诉你只要你用心在这个舞台上转一圈儿,你会懂得如何从无知走向有知,从平凡走向高贵;懂得"下里巴人"和"阳春白雪"都是我们生活中必不可缺的点缀;懂得"人并不是因为美丽才可爱,而是因为可爱才美丽"……

所以,生活,需要文化的滋润;生活,不能没有艺术的熏陶。

太阳花般科学狂

名 篇 赏 析

　　只看一个人的著作，结果是不大好的，你就得不到多方面的优点，必须如蜜蜂一样，采过许多花，这才酿出蜜来，倘若叮在一处，所得就非常有限枯燥了。

——鲁迅

读书的方法

刘　墉

今天你问我该怎么念书。如果你指的是读课本、考高分，我想自己是没有资格回答的，因为我高中的学业成绩并不好，全靠联考之前的猛力冲刺，才进入师范大学。但是，我又想，说不定这种冲刺的经验，倒可以供你参考。(说话要谦和得体，让人乐于接受，写作时不妨像刘墉一样，请出"如果"、"倒"这些副词，它们很多时候都能够成为你的好帮手。)

我觉得脑子里一定有个死角，因为念书时，常有些东西硬是进不去。碰到这种情况，我绝不硬背，而将那正面的冲突改为消耗战。方法是将背不进的要点，写在课本靠近页边的位置，每次读书之前，先快速翻阅一遍，使那些字闪过脑海，仿佛分期付款，一个月下来，自然就记住了，反比那硬背的东西结实。

我也利用谐音的方式来记东西，这是从初中起许多学生就使用的方法。譬如"危险"是"单脚拉屎"(Dangerous)、"大学"是"由你玩四年"(University)。又譬如我背长江沿岸的十个二等港，只用了一句话"政无安九月常常杀一万"，意思是"政治不安定，九月秋决时处死的人往往高达一万"，虽然句子没有道理，却让我到今天还能记得"镇江、芜湖、安庆、九江、岳阳、长沙、常德、沙市、宜昌、万县"，有人大为惊讶，封我为"电脑"，岂知我是用了特殊的读书方法。(谐音记忆不失为一种强化记忆的好方法，它能变枯燥为生动，在某种程度上，还体现了个人的独具特性的创新意识。)

如果你到我书架上找，当会发现一大包"方块字"。以小纸片做札记，和以方块字帮助记忆，是我至今仍用的方法。譬如近来临习明朝韩道亨的《草诀百韵歌》，由于草字与楷书的笔画顺序有很大差异，许多字不易记得，我就将它们制成方块字，正面写楷书，背面写草字，口袋里揣上一把,随时摸出来,看到楷书就想草书,见到草字则加以辨别,倒也能事半功倍。

此外,古人有所谓的"锦囊集句",方法是将平日的灵感写在小纸条上,先投入锦囊,有空时再取出来整理,将断片的灵感集合为大的篇章。我也采取这个方法,不论乘车、走路,甚至上厕所时,只要有灵感,就写在随身携带的小本子或名片背后,统统集中在一个地方,虽然很可能一两年之后,才有暇拿出来整理。但是就用这个方法,我在百忙中居然能写成七本《萤窗小语》和《点一盏心灯》。如果我不知道把握每一个小灵感而任它飞逝,怎么可能有这些成绩呢?(有时候人的成功就在于业余时间的训练和积累,"聚沙成塔,集腋成裘",不要忽略平时的一点一滴,它是你走向成功的阶梯。)

还有一点,在这个知识爆炸的时代,你会发现书念不完,在做学问时却又需要有广博的涉猎,所以你必须懂得整理繁杂的资料。书买回来,即使没时间细看,也要将前言、目录翻过。碰到问题时,可以回想曾在某书见过相关的资料,而找到需要的东西。

同样的道理,百科全书的检索目录,各种字典、辞典、植物典、句典、名典、世界历史年表、地图,也是必备的。甚至像国家地理杂志这类书,由于资料丰富,很具有参考价值。为了检索方便,你也可以去函购一本数十年来的目录。《纽约时报》集合各种重大新闻的《首版集成》(Page One)和百科全书的年鉴也很有用。

总之,书印好了,就是死的,人脑则是活的。你必须将这些死的资料,用最有效的语言、方法,输入你的脑中。并将这些资料放在身边,如同电脑磁碟一般,随时等你插入,将你要的东西整理出来!("电脑磁碟"的比喻贴切,形象。)

每个人都有他自己读书的方法,我只是将自己的提出来,供作参考。如果你的程序语言(Language)更适用,当然还是用你自己的比较好。

读后悟语

这篇文章是刘墉写给儿子的一封信。信的内容主要是回答儿子提出的"该怎么念书"的问题。信中的刘墉并没有摆出父亲高高在上的架势加以训导,而是以朋友的口吻,聊天式的跟儿子娓娓道来。语言极为亲切,行文极富条理。句段之间的衔接与过渡,巧妙而自然。

音 乐

[法]罗曼·罗兰*

　　生命飞逝。肉体与灵魂像流水似的过去。岁月镌刻在老去的树身上。整个有形的世界都在消耗、更新。不朽的音乐,唯有你常在。你是内在的海洋,你是深邃的灵魂。在你明澈的眼瞳中,人生决不会照出阴沉的面目。成堆的云雾,灼热的、冰冷的、狂乱的日子,纷纷扰扰、无法安宁的日子,见了你都逃避了,唯有你常在。你是在世界之外的,你自个儿就是一个完整的天地。你有你的太阳,领导你的行星,你的吸力,你的数,你的律。你跟群星一样的平和恬静,它们在黑夜的天空画出光明的轨迹,仿佛由一头无形的金牛拖曳着银锄。(将抽象的音乐比作可视的海洋、太阳、群星,更显示出音乐无穷的魅力。)

　　音乐,你是一个心地清明的朋友,你的月白色的光,对于被尘世的强烈的阳光照得眩晕的眼睛是多么柔和。大家在公共的水槽里喝水,把水都搅浑了;那不愿与世争饮的灵魂却急急扑向你的乳房,寻他的梦境。音乐,你是一个童贞的母亲,你纯洁的身体中积蓄着所有的热情,你的眼睛像冰山上流下来的青白色的水,含有一切的善,一切的恶;不,你是超乎恶,超乎善的。凡是栖息在你身上的人都脱离了时间的洪流;所有的岁月对他不过是一日;吞噬一切的死亡也没有用武之地了。(音乐由自然走向人生,"朋友"、"母亲"的

------

　　*罗曼·罗兰,19世纪末20世纪初法国著名的批判现实主义作家、音乐史学家、社会活动家。曾在1915年获诺贝尔文学奖。代表作有长篇小说《约翰·克利斯朵夫》和《母与子》。

5

比喻，让人深刻感受到音乐涤荡心灵的柔和、纯净与热情。）

　　音乐，你抚慰了我痛苦的灵魂；音乐，你恢复了我的安静、坚定、欢乐，恢复了我的爱，恢复了我的财富；音乐，我吻着你纯洁的嘴，我把我的脸埋在你蜜也似的头发里，我把我滚热的眼皮放在你柔和的手掌中。咱们都不做声，闭着眼睛，可是我从你眼里看到了不可思议的光明，从你缄默的嘴里看到了笑容；我蹲在你的心头听着永恒的生命跳动。（直抒胸臆，表达了"我"对音乐的一往情深。）

读后悟语

　　由动人的旋律所构建的音乐世界本不可捉摸，但作者却能用自己善感的心灵，丰富的想象加以具体细腻的描摹。本文在构思方面，巧用第二人称"你"的口吻来谈音乐的作用，既利于拉近人与音乐的距离，又便于抒发作者对音乐的挚爱，表达了有音乐相伴人生的快乐。整散结合的句式，抑扬顿挫，增添了文章语言的音乐美。

月光如泪

赵丽宏*

中国的二胡是一种很奇妙的乐器。它的结构,其实和小提琴差不多。琴筒相当于小提琴的琴身,琴杆相当于小提琴的琴颈;二胡两根弦,小提琴四根弦;琴马,弦轴,形状不同,功能相仿;弓的造型虽异,可用的都是马尾。两者发声的原理,也是一样的,弓弦摩擦出声,再经琴身共鸣,奏出千变万化的曲调。(将二胡和小提琴进行比较,更能突出二胡的结构特征。)所以有西方人说,二胡是 "东方的小提琴"。(敢于对传统说法提出质疑,并积极寻找佐证,也许你就会有新的发现。这不是说笑,而是一种创新和提高。)其实,这话有所偏颇。小提琴,据说是由东方弦乐器在西方长期演变而成,到15世纪末才开始逐渐定型。二胡,最初并不是汉民族的乐器,而是来自西北民族,所以称"胡琴",意思和胡笳、胡桃、胡椒类似。然而在西方的小提琴成形之前,中国人早就在拉胡琴了。宋人沈括在《梦溪笔谈》中有"马尾胡琴随汉车"这样的诗句。那时是公元11世纪。而到元代对胡琴就有更具体的描写,《元史·礼乐志》这样记载:"胡琴……卷颈龙首, 二弦,用弓捩之,弓之弦以马尾。"这正是现代人看到的二胡。所以,我们也可以说,小提琴,是"西方的二胡"。这当然是说笑而已。在中国的民间音乐中,二胡拉出的曲子也许最能撩拨听者的心弦。我以

---

*赵丽宏,经历坎坷,高中毕业后插过队,当过木匠、乡邮员、教师、县机关工作人员,上过大学,做过编辑。出版有《珊瑚》、《生命草》、《心画》等30多部诗集、散文集、报告文学集。谈到写作,他说:"不管岁月如何流转,写我想写的,坚持我所坚持的,我的文字不会媚俗。"

为，用二胡拉悲曲远胜于奏欢歌。很久以前，我听过瞎子阿炳用二胡拉《二泉映月》的录音，这是世上最动人的音乐之一。单纯的声音，缓慢悠扬的旋律，带着些许沙哑，在冥冥中曲折地流淌。说它是映照着月光的泉水，并不勉强。然而乐曲绝不是简单地描绘自然，这是从一颗孤独寂寞的心灵中流淌出来的声音，这声音饱含着悲凉和辛酸，是历尽了人间悲苦沧桑后发出的深长叹息。这是用泪水拉出的心曲，听着这样的音乐，我的心灵无法不随之颤抖。(用心去演奏的乐曲，你必须用心去聆听，才能真真正正地感悟音乐，感悟人生。)我想，阿炳当年创作这首曲子，未必是描绘二泉，而是对自己坎坷凄凉一生的感叹。一把简简单单的二胡，竟能将一个艺术家跌宕的人生和曲折的情绪表达得如此优美动人，实在是奇迹。在感叹音乐的奇妙时，我也为中国有二胡这样美妙的乐器而自豪。后来，我听到小泽征尔指挥庞大的波士顿交响乐团演奏《二泉映月》。阿炳的二胡独奏，变成了许多小提琴的合奏。在交响乐团奏出的丰富的旋律中，我眼前出现的仍是映照着月光的二泉，仍是阿炳孤独的身影，他黑暗的视野中看不到泉水，也看不到月光，然而谁能阻止他向世界敞开一个音乐家的多情的胸怀？谁能改变他倾诉苍凉心境的美妙语言？我看到，站在指挥席上的小泽征尔，深深沉醉在《二泉映月》的旋律中，他的眼睛里闪烁着晶莹的泪光……(举阿炳《二泉映月》感动小泽征尔的典例，更能说明二胡曲调的悲凉和辛酸。)

十多年前，在旧金山街头，我曾很意外地听到一次二胡独奏。那是在一条人迹稀少的街上，一阵二胡琴声从远处飘来，拉的正是《二泉映月》。在异国他乡，听到如此熟悉的中国乐曲，当然很亲切。可是走近了我才发现，拉二胡的竟是一个沿街行乞的中国人。这是一个中年男人，低着头，阖着双眼，沉浸在自己的琴声里。他拉得非常好，丝毫没有走调，而且，把那种凄楚无奈的情绪表现得淋漓尽致。我远远地看着他，不忍心走到他身边，然而琴声还是一声声扣动了我的心弦。听过无数次《二泉映月》，在旧金山街头，是我听得最伤感的一次。

读后悟语

民族的才是世界的。今天，当我们越来越多人沉浸在钢琴、小提琴这些舶来乐器的优美旋律中的时候,我们千万别忘了去关注中国的民间乐器——二胡。它的构造虽然很简单,像中国人一样朴实,但也最能撩拨听者的心弦,无论何时,无论何地,都能勾起每一位炎黄子孙心底里的那一份浓浓的中国情结。

　　本文是一篇写物抒情的美文。作者从结构、旋律两方面突出了二胡这一中国民间乐器的"奇妙"所在。行文时注意通过引史料、举实例、写见闻、谈感受的方式,将记叙描写、议论、抒情巧妙地融为一体。语言极富情韵,如文题"月光如泪"一样凄美感人。

艺术是什么？

萧梵

  人类用智慧、情感和美妙的幻想培育出的奇花异草，使单调平淡的生活充满了诗意。这些奇花异草，便是艺术。（"奇花异草"的比喻点出"艺术"的特征与魅力。）

  假如生活是一片晴朗蓝天，艺术犹如蓝天上的云霞。它们时而洁白如雪，时而五彩缤纷，时而轻盈如柔曼的丝絮，时而辉煌如燃烧的烈火……如果没有它们，空荡荡的天空会显得多么寂寥。

  假如人生是一条曲折的路，艺术就是路边的花树和绿草。大自然的花草会凋谢，艺术的花草却永远新鲜美丽。无论你喜欢浓艳或者淡雅，大红大紫如牡丹芍药，素洁清幽如腊梅莲荷，甚至是野草丛中一束雪青的矢车菊，你尽可以随手采摘，或观其色，或闻其香，或爱其形……一花在手，旅途的寂寞就会烟消云散。（"假如"引出两个结构和内容较为相似的段落，借助丰富的想象，贴切的比喻，排比的句式，将艺术的特征具体化，形象化。）

  在黑暗的时刻，艺术会在你的心头燃起晶莹而灿烂的火苗，火光里，你憧憬和梦幻中的一切奇丽美妙的景象都可能一一出现，就在你为之由衷惊叹时，艺术悄悄地把你引出了灰色的迷途……

  在寂静的时刻，艺术会化作无数闪闪发光的音符，在你的周围翩翩起舞……

  在喧嚣的时刻，艺术会化作一缕缕清风，洗涤你心头的浮躁和烦恼……（用三个"在……的时刻"的排比段，将"艺术"的作用进行了艺术化的描写。）

  艺术是一个忠实而又多情美丽的朋友，假如你曾经真心迷恋过她，追求过她，热爱过她，她就永远不会离开你。当你的朋友们都拂袖而去，她却将一如既往地留在你的身边，在寂寞中为你歌唱，在孤独时伴你远行……

热爱艺术吧，年轻的朋友，只要你真心去寻找，她无处不在，她并不遥远。也许，她就在你的身边，就在你的心里。(水到渠成，向青年朋友提出追求艺术的号召。)

读后悟语

艺术是什么?没有枯燥的定义;艺术有什么作用?没有无味的解释。文章美就美在用优美的语言对艺术作了形象化的描述。形象生动的比喻，整齐匀称的排比，富有表现力的词句，勾画出艺术世界的多姿多彩。

寻找音乐

裴驰宇

很小的时候，我就知道好的音乐有着动人心魄的力量。在故乡东沙老镇那座摇摇欲坠的"和平"戏院里，跟了大人去看一部外国电影。影片开头画面十分阴郁，一束阳光照到黯淡的室内，一个男人翻来覆去地听着一张唱片，那张唱片是他已经夭折的幼子送给他的礼物。长大了，当然不可能再记得这首曲子的旋律，但现在想起来，知道那个男人当时翻来覆去地听着那张唱片，蕴含了多么深切的情感。那部电影在上世纪80年代初期非常有名，片名叫做《父子情深》。

记得国外的那个咖啡广告：一个青年男子在他的阁楼里翻出一支萨克斯管，小心擦拭完毕，轻轻吹奏起来，忽闻外面飘来悠扬的笛声。循声望去，对面的阳台上，一个年轻人也和着他的旋律悠然吹奏同样的曲子。每回从电视里看到这个广告，我总是停下手头的活儿，心无旁骛地细细欣赏。因为我相信，意味深远的情感通过音乐来表现，那是再好不过了。

一次骑着车子快速地穿街过巷，耳边是嘈杂的市声——自行车的铃声、三轮车的号声、汽车的喇叭声……一概地充耳不闻。忽然有一种节奏分明的打击乐传入耳际，一个高亢的男声唱着我几年以前熟悉的旋律。这歌声使我一下子捏住了车闸，停下来细细分辨，再折回身来，循着那歌声寻找。

歌声来自街旁一家装潢精致的休闲屋。我逛进店里，见店堂的一角，叠放着一堆音响设施，边上是一大摞唱片。一架CD唱机正在工作着，播放的正是我一直在找的一位拉美籍歌星的专辑。

这是我在定海市面上仅见的有关这位歌星的专辑。店老板自称是一个普通的"爱乐者"，这张唱片还是他专门从北京买来的，市面上很少流传他的歌。老板说，这位歌星在国际上虽然知名度并不太高，不过他挺喜欢，故而掏钱买下了他的唱片。

这不期邂逅使我非常高兴，仿佛是"众里寻他千百度"，因为一个非常偶然的机会，我得到了喜爱的歌星的唱片，而且还能结识一位喜欢音乐的同道。(引用，表达了"我"辛苦寻找，不期而得的喜悦。)以后我在欣赏由这张唱片拷录下来的磁带的时候，总能惦记起那位风度优雅又懂得音乐的休闲时装屋的老板。

即使是再平常的寻找钟爱的音乐的经历，都会在我的脑海里留下深深的印记。因为相信音乐能够飞越时空，有时一段动人的旋律，能抵得上千言万语。听着自己喜欢的一首曲子，常常感到内心的激荡；同样的歌，让同样喜欢这首歌的人听到，是否也会感我所感？

读后悟语

音乐以其动人的旋律，承载了意味深远的情感。为此，爱乐者们乐此不疲地去追寻探访。文章就紧扣一个"寻"字，穿越时空地选择了几个典型的画面，通过写电影音乐、广告音乐、街头音乐、店铺音乐来说明音乐无所不在，无时不在，追求音乐的过程就是一个享受的过程，传情的过程。

行板悠悠，明净如歌

顾忠伟

萧伯纳说："贝多芬的音乐是使你清醒的音乐，当你想独自静一会儿时，你就怕听他的音乐。"此语并非玄虚，对音乐的认同，原本带着感情色彩。当一个人静静处守，寻求音乐慰藉的心情，就像碌碌于尘世的教徒，终于得暇跨入穹顶下的殿堂，沐浴宁静。萧翁独自衔着烟斗踱于书房时，听什么音乐，无从得知。静下来时，我常听的是大提琴独奏的紫可夫斯基的《如歌的行板》。（就名人名言，引出写作的话题和对象。）

早先曾痴迷于老柴的《D大调小提琴协奏曲》、《第一钢琴协奏曲》，一遍遍反复聆听。也许是旋律优美浅显，适于入门，应了"熟读唐诗三百首，不会做诗也会吟"之说。随着选听曲目的开阔，对老柴的音乐渐乏:中动，唯这个不到10分钟的迷人乐章，常是我清醒时自甘湮没的一片梦境。（赏乐与吟诗也有共通之处。）

有一段美丽的文字，为这首乐曲添上了一笔雾里看花般的朦胧色彩:1869年夏，柴可夫斯基只身来到风景宜人的乌克兰乡村妹妹家度假。静谧的白昼，每当他静坐房中时，总听见不远处有个泥瓦工独自在哼唱一支乌克兰民歌。那美丽的旋律使柴可夫斯基惊叹不已，深深印入他脑中。他原想将这个主题写成一段钢琴二重奏。两年后，当他着手写《D大调弦乐四重奏》时，这段旋律却像轻柔的水波，止不住地悄然流泻于笔端，化作了第二乐章的主题《如歌的行板》。

尽管在弦乐四重奏里，柴可夫斯也将这段优美的旋律托付给大提琴这重要角色来咏唱，可当第一次听见俄国大提琴家麦斯基的独奏CD时，顿有一种错位感，觉得原版的弦乐四重奏反更应是改编曲。有些曲子，只能由一种特定的乐器来演奏，像圣桑的《天鹅》、舒曼的《梦幻曲》一般，天生就属于大提琴，钢琴奏来固然动听，但骨子里已走了味。肖斯塔科维奇说："柴可夫斯基在获得慰藉的诱惑前让了步，这是他懦弱的表现。"(引用，转入下一个话题的描写。)姑且不论此语准确与否，但柴可夫斯基温柔痛苦的个性以及他曲调的天赋，却注定了其一生将与大提琴这最富咏唱性的乐器结下不解之缘。其实何止是《如歌的行板》，他作品中许多动人的旋律，一经大提琴演奏，都极其感人。俄国的大提琴家，像卡尔·戴维多夫等细腻精湛的演奏技巧，更将柴氏的作品，升华至一新的高度。艺术家对柴氏为大提琴所做的贡献难以言表，已故的波兰大提琴家韦茨波罗维奇，甚至冒着被传染霍乱的危险，俯身向柴可夫斯基的遗体深深吻别。

那支朴素的旋律，就像空碧悠悠的蓝天下，弥漫在空气里的一支恬淡的牧歌。大提琴缓缓低沉的咏唱，似剖露于自然下的灵魂，从深处发出的叹息，美丽得让人想掉眼泪，难怪托尔斯泰都被它惹哭了。(提琴的咏唱，"美丽得让人想掉眼泪"，语言优美富有创造力。)

是的，个性是音乐的灵魂。贝多芬式的命运搏击固然英勇，然人之追求，却也未必都得以勃勃高昂的进取姿态来呈现，这是听柴可夫斯基音乐给我的启示。(运用比较，说明音乐有不同的风格，能感动不同的人群。)

读后悟语

古典音乐向来给人艰深难懂的印象，对于音乐欣赏水平不高的大多数人来说怎样才能走进古典的世界呢?作者以他听柴可夫斯基音乐的亲身体会，告诉我们欣赏古典音乐，你就必须发挥想象，走近作者，只有感悟作者的个性，才能抓住音乐的灵魂。

悲怆，引发生命之张力

苏牧羊

　　不懂音乐，故我一般也不为此走火入魔，但有一个歌手的歌，我却会把音响开得大大的，一连几个小时地听下去，且听得眼角湿润，如痴如醉。"醉"得不仅买了他的磁带，而且还"多余"地去买了相同的CD盘，以至被人揶揄："如果出他的VCD、DVD，你仍会为商家做出一份贡献的吧？"确实，这还真不是虚言。眼下写这篇小文时，耳旁正飘荡着他那独特的声音——"你，是一面旗帜"。

　　这个歌手，就是刘欢。

　　我也曾分析过导致自己"失常"的原因。从音乐角度讲，他的音色并非已是至善至美，就说音域宽度吧，并没有"波澜壮阔"到帕瓦罗蒂、多明戈的地步。从文化角度来说，我对他所属的大类——通俗音乐，更是持敬而远之的态度。可这"失常"又是为什么？我反复问自己。

　　在再一次"如痴如醉"之后，我突然醒悟：这是因为在刘欢的歌声中，有一种生命的悲怆感。换句话说，我是为这种悲怆所陶醉。

　　生命过程，不可避免地会有遗憾、缺陷、失败、打击……做学生，就有"马失前蹄"考砸了的时候；做工人，就有别人还在上班自己却被"判"下岗的时候；做科技人员，就有他人的研究成果超于自己的尴尬之时。如果宽泛地定义这一切，这就是我们所最忌讳的"悲"——悲哀、悲伤、悲苦、悲痛。(排比，以学生、工人、科技人员为代表列述人们在生命过程中遇到的"悲"的普遍性。)

　　人们一般都不喜欢悲，否则那么多的喜悦怎么会被千万人所期望。但是，悲怆和悲哀、悲伤、悲苦、悲痛等不同,悲怆中隐含着一种力量。如尼采之语,"悲剧快感是强大的生命力敢于与痛苦和灾难相抗衡的一种胜利感",而且,"一个人能否对人生持审美的态度,是肯定人生还是否定人生,归结到底取决于内在生命力曲强弱盛衰"。因此,我们不妨学会将悲哀、悲伤、悲痛转化为悲怆。(引用名言,说明"悲怆"的内涵。)

悲怆,是正视"悲"的现实,又不被"悲"所压倒;"悲怆"是在经历"悲"之后不放弃努力和奋争;悲怆,是体验了自我的渺小脆弱又勇敢地超越自我。(用排比句对悲怆的特点加以描述,表现出一种积极向上的人生态度。)可以说,当你学会将悲哀、悲伤、悲苦、悲痛转化为悲怆时,你就会发现,悲中有喜,悲中有美。

因此,我陶醉于刘欢的歌。因为,这不仅是一个生命在低吟浅唱,在引吭高歌,在一抒胸臆,而且更因为,在他带有悲怆感的歌声中有一种壮美的余音在我耳旁不散。(结尾点题。)所以,他的歌声会感染我,感动我,甚至能——激励我。

读后悟语

文章的一个卖点,可能是开头部分"悬念"的制作,不直接写歌手的名字,不直接道歌声的悲怆,而是用撩人心弦的描写,去激发读者阅读的兴趣。刘欢歌声的悲怆在几次报幕,几次呼唤之后,才隆重登场,确实给人留下了深刻的印象。另外,通过文章的分析,我们也会进一步端正对流行音乐和流行歌手的看法,知道只要是好的歌曲,无论是经典还是流行,都会有它独具个性的灵魂和生命。

茶酒人生

林峥

老祖宗几千年传下来的饮品文化,恐怕在茶与酒这两样上,表现得最为淋漓尽致了。

论起酒,它几乎是同中华民族的文明时代一起诞生的。相传最古老的酒是古代夷狄为大禹造的高粱酒,大禹饮后连声称好。从此,酒文化便弘扬开来。

酒易品,凡夫俗子谁都能喝,谁也都会喝。酒是用来壮胆的,武松十八碗过景阳冈,是靠它添一身虎胆;酒是用来浇愁的,古往今来的迁客骚人,壮志难酬,常是"呼儿将出换美酒,与尔同销万古愁";武侠小说中的英雄豪杰,常借酒会友,大碗喝酒大口吃肉,尽显一身豪气。因此可以说,人们喝酒,目的通常不是那么纯粹。(举例典型,文武之道一张一弛。)

关于这一点,有史可证:宋太祖的"杯酒释兵权",可谓是喝酒的至高水平,历朝皇帝最头痛的问题他仅用一杯酒便解决了;汉高祖刘邦赴的鸿门宴,把盏言谈间激流暗涌,写下了楚汉相争的精彩一笔。酒,用到政治上,便不再是酒了,至少(副词使用很有分寸。)不再是其原有的质朴单纯。至于酒常与王侯将相扯上关系,或许是因为酒的豪气,很适合统治者的霸气雄心吧。

相比之下,茶就简单清雅多了。(过渡巧妙。)我始终觉得,会喝酒的人不一定会为了喝酒而喝酒;而会喝茶的人一定是为了喝茶而喝茶。喝茶有很多讲究。饮茶之风起源于中国,几百年来逐渐发展成一门学问,即茶道。

《红楼梦》中妙玉泡的茶,用的是陈年梅花上的雪水,其空灵悠远,又岂是一般酒水能比得了的。再看妙玉说茶:"一杯为品,二杯即是解渴的蠢物,三杯便是饮牛饮骡了。"茶真是与俗绝缘。

除茶与饮茶之人本身外，喝茶时的意境，也是必不可缺的。周作人曾在一篇文章中提到："喝茶当于瓦屋纸窗下，清泉绿茶，用素雅的陶瓷茶具，同二三人共饮，得半日之闲，可抵十年的尘梦。"喝茶要心静如水，无欲无求才好。捧一盏清茶，见青绿摇曳，茶香袅袅，心便随着那舒展的茶叶一同缓缓沉入杯底。茶真是出尘脱俗的隐士。这或许就是古人的处世哲学吧，清心寡欲，远离尘嚣。然而以今日的眼光看来，未免消极了点儿。

于是我又把视线投向了酒——它果真只是浓烈落俗吗？很喜欢一首唐诗的意境："绿蚁新醅酒，红泥小火炉。晚来天欲雪，能饮一杯无？"其雅静奇趣，不逊于周作人笔下的茶事。都说茶是性灵之物，其实酒，又为多少文人墨客提供了灵感——"竹林七贤"的阮籍才高八斗嗜酒如命；"诗仙"李白的"黄河之水天上来"，其豪迈绮丽的想象，很大一部分是拜美酒所赐。(对比分析，点评精当。)

看来，酒也不乏其高雅的一面，甚至是醉酒之态——武松醉酒，是醉躺在景阳冈，那是英雄的无畏之态；湘云醉酒，是醉卧于芍药茵，那是小姐的娇俏之态；李白醉酒，是醉倒在翰林院，那是文豪的桀骜之态。(比较，同中有异。)

文人爱酒，武夫也爱酒。武林中人以酒会友，豪气干云，不过是匹夫之勇；只有当酒在边塞曲中吟唱时，才真正凸现出其豪放壮烈的脾性。"葡萄美酒夜光杯，欲饮琵琶马上催"，据说，葡萄美酒倒入夜光杯中，酒色与鲜血无异，饮酒犹如饮血，这令人不由得联想起岳飞的诗词"壮志饥餐胡虏肉，笑谈渴饮匈奴血"。中华男儿的方刚血气与壮志豪情，便在这饮酒之法中一览无遗。

茶，是遗落凡间的精灵，它的高雅与脱俗，只有少数人才能品味得到；酒，却是豪爽之物，易品易喝，可说是雅俗共赏。它们两者，都延续着中华民族几千年的文化。然而，它们又代表着两种不同的处世之道——清心寡欲抑或豪情万丈，平平淡淡还是轰轰烈烈。(句子长短结合，整散结合富于变化。)

我，应该选择哪一样呢？我思索着。闲暇时，泡一杯清茶，静坐窗前，看雁过留声，云卷云舒；忙碌时，还是饮一坛烈酒，振奋起万丈豪情，迎接生活的挑战。静如茶般淡雅，动如酒般浓烈，这或许就是人生的最高境界吧！(设问，引发思索，表明态度。)

读后悟语

　　跟着作者品一杯香茶,喝一碗烈酒,才知道茶味不仅仅是清雅脱俗而酒味也不纯乎是浓烈落俗那么简单。因为茶与酒在中国生根繁殖了几千年,积淀了深厚的历史和文化,折射出不同人的不同的人生态度。为了充分地说明这一点,文章寻根究源远至赵匡胤,近至周作人,用史实典故,诗词文赋来比较茶与酒的迥乎不同的特点与品性,让人觉得似乎在历史、人生和文化的长河中痛痛快快地畅游了一回。

　　文章材料丰富,内容翔实,却没有堆砌呆滞之感。举例时,亦有说理,谈"文"时,亦不忘"武",品茶时,兼有论酒,平静处见波澜,激烈时显深沉。笔意自然,行文流畅。确为难得的妙文。更可贵的是作者的人生态度,不因茶而废酒,不因酒而废茶。这样的人生也许才是精彩的人生。

我就是太阳花

陈均怡

我手中有一枝花。一枝太阳花。

橘红色的花瓣,深褐色的花心,其间还点缀着一些淡黄色的花蕊,搭配得如此和谐。不难看出,这小花透着灵气呢! 而如此鲜艳的颜色,让人一看就感觉到她周身散发的那种热情。

太夸张了,是吗?不,只要你用心、用情去体会,一定感受得到。(多么亲切的设问,好像作者和读者在进行面对面的交谈。)

太阳花的花瓣一片片排列在一起,疏而不稀,密而不紧,看上去很有层次感,因而表情也很丰富。

表情源于心情,心情源于感情,说不定,这小花也是感情丰富的呢! (顶真的妙语佳境!)

一阵微风吹过,花瓣轻轻地颤着,显出她的活泼可爱;一缕阳光洒来,她昂头微笑着,又显出她的悠闲文静。

不是"花中黛玉",她花茎粗壮,显得身强体健,却更显花朵的窈窕风姿。

人们都说,她那深色的花心是她的眼睛,而要仔细看,你会从中看见她善良的心。(拟人,彰显花的热情。)

她是那样的普通,那样的平凡,而在这普通与平凡中,你没有感受到她的自然之美吗?

她没有牡丹华贵,但端庄;她没有菊花孤高,但纯洁;她没有兰花淡雅,但清新;她没有鸢花调皮,但俏丽。她通身都显现出自己的个性,这也使世俗眼中并不美丽的她变得美丽。(对比,突出太阳花的特点。)

看着手中的花,我想:这花就是我——

我就是太阳花!

(直抒胸臆,表达"我"对太阳花的喜爱之情。)

读后悟语

俗话讲"萝卜青菜各有所爱",大千世界花的美丽各不相同,人的喜好也各有偏向,李唐以来的世人甚爱牡丹,晋陶渊明独爱菊,周敦颐钟情于莲,而作者却心系于太阳花,为什么呢?为了让读者了解自己所喜好的太阳花,作者用一种朴实的拉家常式的口语娓娓道来,点出太阳花的普通与平凡,又用设问、反问、对偶、顶真、对比、拟人等修辞方法,修饰其特有的热情与美丽。在完成了对花的外形与神韵的描写之后,就有了作者"我就是太阳花"的真情表露。

花的个性往往能显示人的个性。你又喜欢什么花呢?

学 生 作 品

　　童年原是一生中最美妙的阶段，那时的孩子是一朵花，也是一颗果子，是一片朦朦胧胧的聪明，一种永远不息的活动，一股强烈的欲望。

——[法]巴尔扎克

蒙娜丽莎的微笑

佚 名

似风,捎来恬淡宁静,拂醒了人们迷乱的心灵;似雾,笼着神秘羞怯,遮掩了你我缥缈的遐思;似那炫目骄阳,尽管那并不强烈却蓄着十分的热力;似那含蓄的钩月,虽然看似脆弱却透着隐隐的柔韧。(本段用两组整句,将微笑比作风和雾,比作骄阳和钩月,使得刹那间无形的微笑,凝固化,具体化。)

那是,蒙娜丽莎的微笑——世上最显明易懂最深远难测,最易让人呼吸凝滞最易引发翩翩遐想的微笑。(用看似矛盾的两组词语来修饰微笑,更能显示出蒙娜丽莎永恒的微笑的魅力。)

是的,蒙娜丽莎的微笑——永无标准答案的谜。

一个稚气的孩子看着她,晶亮的黑眸写满迷惑:"这位阿姨只是奇怪地扯动了嘴角。"

他的母亲,一位娴丽端庄的少妇,秀丽的脸庞隐着一丝激动:"她一定想起了她亲爱的丈夫。"

旁边年轻的小姐,玉兰般光洁的面颊浮起两朵红云:"她是如此娴雅,淑女就该像她一样。"

架着黑边眼镜的学者,煞有介事地为旁人做着介绍:"她只是听到了自己心仪的乐曲才露出了会心的微笑。"

一位漂泊已久的浪人走近,抬起他疲倦的眼睛,被岁月刻满沧桑的脸上渐渐展开了笑靥:"她的笑就像我的母亲,带着家乡的柔情。"

修女露出了藏匿在紧密黑袍后的激情,虔诚地握紧手中的十字架:"她的笑像玛丽亚般圣洁,阿门!"

为了生存而疲于奔命的小职员仔细地看过,早已呆滞的眼神散发了些许神采:"她使我心灵如被洗涤滤过般宁静。"

衣着前卫的小伙,听完狂躁的摇滚,欣赏过奇异幻彩的抽象画,最后看到了这份古典,由衷说了一句:"虽然我不解她的含义,但我读懂了她的美丽。"(不分男女,不分老少,不分职业,永恒的微笑总能激发人们无尽的想象力。)

一千个读者心中有一千个哈姆雷特;一千个观赏者眼中,有一千个蒙娜丽莎的微笑。

我,见过蒙娜丽莎的微笑,在画中,在梦中,在我的脑海中。我,曾经不解,曾经武断地认为她的魅力诠释了达·芬奇对面部肌肉活动的潜心钻研与艺术大师的敏锐与才华。

现在,我懂了。她的魅力在于永恒,在于永恒的被知被解与未知未解;她的魅力在于永恒的——

"谜"!("谜"字单独成行,单独成句,强化了蒙娜丽莎独特的微笑个性。简洁有力而又含意隽永。)

同学分析

《蒙娜丽莎的微笑》是一篇精巧的小品。作者的词汇非常丰富,仅仅描写一个举世闻名的微笑,就用了近十个比喻、比拟和许多具有很强表现力的形容词。作者对名画的观赏者——小孩、母亲、小姐、学者、浪人等的描写十分细腻传神,充分地调动了定语和状语的修饰作用,在短短的一句话里面交代人物的身份、举动和评论。本文最值得赞赏的是它的立意:《蒙娜丽莎》的魅力在于她的被知被解与未知未解。艺术作品的含蓄美使它具有了被多重阐释的可能,使它具有能跨越时间和空间、被不同的观众所接受的可能,作者能认识这一点,并把它明确地指出来,实属难得。

教师点评

　　"蒙娜丽莎的微笑"是什么样的微笑?孩子、母亲、小姐、学者、浪人、修女、小职员各自给出了不同的答案。从这些答案中,我们有了这样的感悟:一、真正的好的艺术作品并非是曲高和寡的,它同样可以做到雅俗共赏;二、艺术作品有永恒的魅力,首先必须拥有个性,同样,艺术作品的欣赏也需要有个性,而不强调同一,否则艺术的世界将是一片苍白的世界。

四 幕 剧

佚 名

我是中文系的学生,教授布置了一份特殊的作业,看四幕短剧,写篇论文,明天交。
打开投影仪,开始。(体裁新颖,用四幕剧的形式表达作者对人生的感悟和思考。)

第一幕:情景对话

背景:一条泥泞的乡间小路,一条小溪静静地流,几块零乱的石头。

A:这有什么风景好看?暴雨、小路、溪流、石头!

B:这有许多东西。小路边长着青草,溪流里藏着歌谣,石头边花朵在欢笑,暴雨后挂
着彩虹……

全剧终……

我凝神思考,在笔记本上写道:其实生活中的任何情景都是美丽的,能发现这一美丽
的就是敏锐的眼睛,敏感的思维,更重要的是一颗充满爱与希望的心。正如:生活不是缺
少美,而是缺少发现。(情景之后的议论,画龙点睛。)

第二幕:半个甜面圈

背景:一个小餐馆中,一张桌子,面对面坐着两个人,他们面前的盘子里各有半个甜
面圈。

A:唉! 天哪! 只剩下了半个甜面圈。(A一脸的无奈)。

B:上帝!真是太好了,还有半个甜面圈。(B一脸快乐状)。

全剧终……

笔记本上留下了我清晰的字迹:乐观和悲观其实是两种生活状态。乐观者看到的永远是希望,而悲观者看到的永远是失望。在人生旅程中,乐观者永远向前看,向前走,大步流星;悲观者永远向后看,原地停留甚至向后走,惊慌失措。正如:乐观的人在被玫瑰刺伤后仍会说多美的花,悲观的人在看到刺时就会说多糟啊。我选择玫瑰的美丽,因此我选择前者。(对比,用悲观来反衬乐观,更显示出乐观的价值。)

第三幕:世界上什么东西最亮

背景:上山下乡刚回城的老三届在听一位哲学老师上课。黑板上一行字——世界上什么东西最亮?

有人说太阳。有人说原子弹爆炸时的光。有人说激光……教室里充满着七嘴八舌的议论。一位知青站起来,是在雨夜中漆黑的泥泞小路上走了许久,突然看见远方一点如豆的灯火。全场一片寂静……(恰当使用省略号,也能作出好文章。)

全剧终……

心中有一些东西在涌动。我想起了巴金的名篇《灯》,似乎当时不能体会的温暖渐渐真实起来。世间最亮的其实是人性之光,一如那小小的心灯,一如那如豆的灯火。温暖是无处不在的,温暖着自己,也温暖了别人。正如:送人玫瑰,手有余香。(联想、比喻,丰富了文章的内容和形式。)

可是,第四幕却没有看到。够了,这三幕的感动让我一夜无眠。清晨,我交上论文,提出了自己的疑问。儒雅的教授笑了:看了三幕剧的感受是多种多样的,答案是丰富多彩的,在你下笔的同时,第四幕已经上演,你的答案就是第四——真实的人生。(以虚补实,用第四幕剧来诠释前三幕剧的主题。神来之笔!)

我大悟。生活有许多精彩的诠释,我的答案只有八个字:热爱、乐观、感悟、付出……

太
阳
花
般
科
学
狂

同学分析

　　《四幕剧》是一篇令人耳目一新的小品文。其一,构思新颖。"四幕剧"的形式勾连起几个不相关的片断,最后对它们一总发表议论;以教授布置作业,学生写论文谈感受的方式提出和解答问题,直接明了。这是一个放之四海而皆准的模式,有心人应该会吸收利用。其二,行文灵活机变。文章的题目明明是"四幕剧",最后却只写了三幕,以一句"可是,第四幕却没有看到。够了,这三幕的感动让我一夜无眠"作为理由略去第四幕,明显过于牵强,在此大胆揣测是作者看考场上时间所剩无多了而作出的权变之策。

教师点评

　　文章的精妙就在于用新颖的剧本形式,展现作者对人生的深层次的思考。构思的精巧就在于用三个特写镜头,从不同的侧面层层递进地揭示了一个道理:"生活有许多精彩的诠释。"在众多的诠释中第四幕虽未上演,但"答案"("真实的人生")已隐含其中,收到"以虚衬实"的效果。文章能将叙述、议论、抒情融为一体。很多文句意蕴深刻,哲理味较浓。

我为科学狂

　　我为科学而痴狂,人类为科学而痴狂。多少人为了科学耗尽了一生的精力，哪怕是奉上生命,那也只是科学阶梯上的一块青石。

　　但科学的阶梯却引导人类越走越高,牛顿、爱因斯坦、比尔·盖茨,一个个成功者的名字熠熠闪光,召唤着后来者不断迈出坚实的步伐。可是没有一个人能说自己登上了顶峰,那险峰上的无限风光只能幻想,只能憧憬。科学的美丽和神秘也许正在这里。

　　俗话说:"山高人为峰",这是征服者的豪言。登高望远,"一览众山小",这是你们的未来。

名 篇 赏 析

　　现代科学技术的发展，使科学与生产的关系越来越密切了。科学技术作为生产力，越来越显示出巨大的作用。

——邓小平

足不出户知天下

[美]比尔·盖茨

对信息高速公路的种种担心之一，是它将会减少人们用于社交的时间。有人担心"家"会变成舒适的娱乐场所，使人再也离不开它，并担心我们安稳地待在私人圣殿中，会被孤立起来。我认为这种事不会发生。关于这点，我正在兴建的房子作了解释。

似乎在我一生的大部分时间我都在建造这所房子(并且我们好像用了更长的时间去读关于如何建造它的书)。房子里面配置了大量先进的娱乐设备，像个小电影院和点播室录像系统。它应当是个有趣的居所，但我当然不打算一直待在家里。当娱乐进入家庭时，其他人也仍会继续去剧院，就像去公园、博物馆和商店一样。正像行为主义者不断提醒我们的那样，我们是社会性动物。我们有权花更多时间待在家里，因为信息高速公路会有许多新的选择供家庭娱乐，个人和业务上的通信，以及择业所用。尽管各种各样的活动的组合形式有所改变，可我认为人们花在家庭外和家庭内的时间差不多。(以"屋"作喻，形象生动。)

新型通信设施使得在地理上相距遥远的亲友保持联系，比现在状况下更容易做到。(呼应开头，否定信息高速减少人们用于社交的时间。)我们很多人都和远方的人费劲地保持一份友谊。我以前常和住在另一座城市的一个女士约会。我们都在电子邮件上花了许多时间。于是我们找到了一种适合我们在一起看电影的方式。

我们找一部在两座城市基本在同一时间放映的电影。我们开车在各自的影院，然后通过我们的移动电话聊天。看完电影在回来的路上再用移动电话讨论电影。将来这种"仿真约会"会好些，因为看电影的过程能与电视会议连接。(现在我们已经可以安坐家中通过可视电话与远方友人保持联系。可否认为设想正在一步步实现?)

我已在一个联网系统中搭桥,允许游戏者因为游戏缺一个人而查看是否有别的人对加入这一游戏有兴趣。游戏者可以选择他们想要的另一位游戏者出现的形象:他们的性别、发型、体格等。我第一次与这个系统有联系是我急于赴桥牌约会,我没有花任何时间树立我的上机形象。在我和朋友们开始游戏后,他们都给我发来信息,说我秃顶,说我没穿衣服(腰部以上,是屏幕上显示的惟一部分。)即使这个系统还不允许有将来会有的那种影像和声音交流,但它所具有的允许我们在玩游戏的同时把广告信息传给对方的能力,也使玩游戏变成了一场真正的热闹聚会。

信息高速公路不仅使与远方朋友联系简单多了,还能让我们找到新伙伴。通过网络产生的友谊自然会引导双方见面聚谈。当前我们与可能会喜欢的人联系的方法是很有限的,但网络会改变这种情况。我们将用不同于我们今天用的方式,来见我们的新朋友。仅这一点就会让生活更有趣。假如你想找一个人打桥牌,信息高速公路会帮你找到一个水平相当、住在你家附近或其他城市及国家的牌友。这种让相隔甚远的参与者玩交互式游戏的方式并无什么新奇之处。多少代的棋手一直在用邮件来持续这种游戏。不同之处在于运行在网络上的应用程序使棋手们更容易找到情趣相投者,还能够使棋手们像面对面下棋那样以同样的速度一起下棋。

我认为计算机联网游戏会很快地风行起来。我们能在丰富多彩的游戏中选择,其中包括古典棋类、牌类以及冒险行动和扮演角色的游戏。将有人专为这一媒介发明新型游戏,会有有奖竞赛,时不时地还会有名人和专家进入这个系统,其他人能够看他们玩游戏,或报名要求与他们比赛。

赌博将是信息高速公路上的另一种游戏,它在拉斯维加斯、里诺和大西洋城巨大的利润,甚至可以维持摩纳哥这个国家。赌场获取的利润非同小可。尽管赌博者相信赌注下得于己不利,他们还是会赢的。我上大学时喜欢打扑克,我认为扑克是一种技巧游戏。尽管我在拉斯维加斯时,有时也玩21点,极幸运的是赌博游戏并不让我很上瘾。由于赌博是高度受限制的行业,很难预言信息高速公路上允许什么形式的赌博。

我们确信会利用信息高速公路独一无二的方式帮我们找到都感兴趣的社团。比如你可能是当地滑雪俱乐部一员,你可以与其他爱滑雪的人见面,你也可以订《娱乐滑雪者》杂志,那样就可能得到最新滑雪产品的信息。它不仅能立即给你提供最及时的天气情况的信息,还会成为你与其他爱好者保持联系的一种方式。

技术的变化将开始影响建筑。正如家庭已经变化的方式那样,建筑也会进化的。由计算机控制的不同尺寸的展览图将用于房屋设计中。在建造过程中,要安装连接各种构件的线路,要考虑到屏幕与窗子设置的关系,以便使由于反光引起的刺目感降至最低限度。当信息装置与信息高速公路相连时,实物性东西的需要将会减少,如参考书、立体声收音机、CD盘、传真机、文件抽屉和储存记录的收据盒子等。许多占据空间的小东西将转变成随时可调用的数据信息,甚至连旧照片也能够用数据储存并随时显示在屏幕上,而不必放在相框里。(能用数字信息代替的都不需要物质,这对于一间房屋来说至少是节约空间的。)

我已对这些细节考虑了许多,因为我现在正在构建一所房子,我想尽量在这房子里面预见近期的未来。我房子的设计和建筑都有点领先于时代,但也许它预示着家庭未来的状况。

与任何盘算建房的人一样,我希望我的房子与周围环境和将要住进去的人的需要相和谐。尽管我想让它在建筑角度上吸引人,但我更希望它舒适。它将是我和家人的住所。房子是人的亲密伴侣,用20世纪伟大的建筑家勒·考布什尔的话说:是"为了居住的机器"。

我的房子是用木材、玻璃、水泥、石头建成。它建在山坡上,大多数玻璃窗朝西、俯瞰通向西雅图的华盛顿湖。从那里可尽览日落和奥林匹克山的景致。

我的房子也是由硅片和软件建成的。硅片处理器和内存条的安装以及使它们起作用的软件,使这房子接近于信息高速公路在几年内将带入数百万家庭的那些特征。我要用的技术在现在是试验性的,但过一段时间我正在干的部分事情会被广为接受,价格也会降低。娱乐系统是与具有媒体作用的十分接近的模拟,以至于我从中能感觉与多种技术生活在一起是什么滋味。

在1925年,报纸业巨头威廉·兰道夫·赫斯特搬进他的加州城堡桑西梅瓮时,想拥有现代技术中最好的一切。那时调收音机选台是让人尴尬又浪费时间的,所以他在桑西梅瓮地下室里安了好几个收音机,每个收音机调到一个不同的台,喇叭线接到赫斯特三楼的个人套间里,被排在一个15世纪橡木壁橱里,一按电钮,赫斯特就能听到他选的台。在他那个时代这是个奇迹,而如今这已是每辆汽车收音机的标准特征。

　　我当然绝不是把自己的房子和桑西梅瓮相比,那是西海岸一个极其奢侈的纪念碑。我认为唯一的联系,即我脑里为我房子所想到的那些技术革新从本质上讲与赫斯特想要他房子具有的东西并没有真正的不同。我的确是这样做的。

　　我在80年代后期开始考虑建一幢新房子,我想要手工艺术品但不要任何浮华的饰物。我想要一所能采纳不断变化的尖端技术的房子,但其风格应是平易近人的,应当毫不含糊地显示出技术只是仆从而非主人。

　　如果你来参观,你沿着曲曲弯弯的车道前行,穿过一大片布满枫树和赤杨的若隐若现的树林,林间还点缀着些零星的杉树,你就开到了房前。几年前,伐木区森林地面上的腐化的木屑曾被收集起来撒在这块田产后面。现在这里长着各种有趣的植物。几十年后,当树林长成了,杉树将成为这个场地上主要的树木,就像20世纪初这个区域首次被砍伐之前,大树是主要的树木一样。

　　当你把车停在半圆形拐弯车道上,即使你在门口,你也不会看到房子的大部分。那是因为你将进到屋的顶层。当你走进去时,所遇到的第一件事是有一根电子别针夹住你的衣服,这根别针把你和房子里的各种电子服务接通了。(信息高速公路的核心是信息;小物质,大信息是构建的关键,所以必须要提这根体积小关系大的别针。)

　　凭你戴的电子别针会知道你是谁,你在哪儿,房子将用这一信息尽量满足甚至预见你的需求———一切都尽可能以不强人所意的方式。有一天,取代电子别针用带视觉认知能力的照相机系统将是可能的,但那超出了现今的技术。当外面变暗时,电子别针会发出一个移动光带陪你走完这幢房子。空房不用照明。当你沿着大厅的路走时,你可能不会注意到你前面的光渐渐变得很强,你身后的光正在消失。音乐也会和你一起移动。尽管看上去音乐无所不在,但事实上,房子里的其他人会听见完全不同的音乐或者什么也听不到。电影或新闻也将能跟着你在房子里移动。如果你接到一个电话,只有离你最近的话机才会响。如果你计划很快访问香港,你可以让你房间里的屏幕显示这个城市的图片。在你看来好像这些相片到处被展览,事实上仅在你走进来之前图像才会在室内墙上形成,并在你离开之后就消失。

　　一些幻想家正在预言下一个10年里,将用许多机器人到处来回走动帮我们处理各种家务事。我当然没有准备接受那种观点,因为我认为在机器人实用之前会要过许多个十年。我唯一期望能看到的,是不久将广泛应用的智力玩具。孩子们能对它们编程序来对不同场景作答复，甚至用喜欢的角色的声音来答复。这些玩具机器人将被用有限的方式编成程序。他们会具有有限的视力，知道在每个方向上离墙有多远，以及时间和照明情况，并接受有限的演讲输入。我认为有一辆玩具大小的、我可以跟它讲话并为它设计程序让它按我的指令答复的车将实在是太棒了。

如果你有规律地让光线总是强或暗，房子就认为那是你多数时间需要的亮度。事实上，房子会记住它所了解的关于你嗜好的任何事。要是以前你要求过看亨利·马蒂塞的画或克利斯·约翰在《国家地理》杂志上的照片，你会发现他们的其他作品也展示在你走进的房间的墙上。如果你上次访问时听过莫扎特小号协奏曲，当你再来的时候，你会发现这曲子又在播放了。如果你在正餐时不接电话，那么要是有找你的电话，话机也不会响。我们也能告诉房子客人喜欢什么。保罗·艾伦是吉·亨得利克斯星迷，不管他参观哪里，都会有让人摇头晃脑的快速吉他曲伴随着他。

当我们都在信息高速公路上时，同种设施会被用来对各件事情做记录并跟踪。凡玩忽职守者，记录都会给他以惩罚。现在我们可见到这种制表程序的先驱。Internet已传递关于当地交通模式的信息，这对决定更改交通路线极有利。电视新闻节目常用直升飞机上的照相机所拍到的情况来显示交通，同样地用直升飞机估计交通高峰期高速公路上的车速情况。

有几所高校学生的程序设计，出现了一个挺小但有趣的例子。他们把硬件与软件自动售货机的空箱指示灯相连，售货机不断地在Internet上提供信息。这是一种不重复的工序，但每周全世界数百人可检查卡内基迈隆大学自动售货机里是剩下七喜还是减肥可乐。

信息高速公路能在报告自动售货机的同时，还能从许多公共场所给我们显示电视实况：每秒钟奖券数字，有关运动项目的赌注，当前房地产的抵押率，及某些种类产品的发明数。我希望我们能从城市的各个地方调出实况图像，并要求显示带有价码单、可以住进去的日子、出租空间、犯罪率报告、各地区冠军成就，以及任何其他各式各样的公共性或可能是公共性的信息，这些都是我们要问的。

我将是我房子里最不寻常的电子产品的第一位使用者。这个电子产品是有一百多万静止图像的数据库，包括照片和图画的复制品。如果你是客人，你能把总统肖像、日落、飞机、大猩猩、安第斯山滑雪的照片，以及一张珍贵的法国邮票和1965年甲壳虫乐队的照片，或者是文艺复兴时期画的复制品调到房子里的到处可见的显示屏上。

在我的商业旅行途中，我花时间去博物馆观赏一些伟大艺术品的原作。我拥有的最有趣的一件"艺术品"是科学笔记本，属于16世纪初的列奥纳多·达·芬奇。我很小时就佩服列奥纳多，因为他在那么多领域里都有天分，而且远远超出他的时代。尽管我拥有的一本是写作用的素描笔记本，而不是一幅油画，但任何复制品都难以像它能真正显示其价值。

艺术，和许多事物一样，当你对它有所了解，就更有趣。你可以在卢浮宫走几个小时欣赏至多模模糊糊有点印象的画，但当你有些知识再去看时，那种体验就更有趣了。多媒体文件可以在家或博物馆扮演向导的角色，它能让你听到一个著名学者就一件艺术品为话题的演讲的一部分，它可以让你参照同一位作者的或同一时期的其他作品，你甚至可以拉近镜头细看。如果多媒体复制品使得人们更容易与艺术品接近，有了复制品的人就会想看原著。复制品的展示有可能提高而不是消减人们对真正艺术的崇敬，并鼓励人们走出家门到博物馆和画廊去。(信息高速公路给我们提供更多的艺术品欣赏信息，当我们有了了解之后再面对这些作品就不再陌生甚至产生亲近之心，无异于孔子的"三人行，必有我师焉"，在信息高速公路中，信息量之大，没有任何一位朋友可以单独比拟。在信息高速公路中通行岂非"足不出户知天下"?)

读后悟语

人类从没有停止过幻想：从潜入深海到飞上天空，从古老的神话传说到我们写过的想象作文，都显示出人类对未来生活的向往和期待。想象仿佛是人类与生俱来的能力。

写说明文时不妨敞开思维的禁锢，畅游于想象天地，同样能写得有声有色。举几个大家身边的例子，就能把艰深的科学道理，解说得浅显明白。

时 间 旅 行

佚 名

　　运动物体接近光速会出现令人费解的现象。对随光一起旅行的任何物体和人员来说,时间慢了下来。这是爱因斯坦的狭义相对论的部分内容,利用原子钟进行的实验证明了这一点。并非只有时钟减慢,化学反应和生物过程也减慢了。这一现象叫时间膨胀。

　　运动速度和时间变化不是简单的线性关系。光速降到一半或四分之一时,时间变化率并没有分别降到一半或四分之一。只有速度十分接近光速时,时间膨胀才明显。时间膨胀成为现实,令人惊叹不已。速度十分接近光速时,空间旅行者衰老的速度是没有进行旅行的人的千分之一或万分之一。在地球上已过去了10万年,而我们的空间冒险者也许只长了10岁。地球上已经历数代沧桑,文明已经历多次兴衰,冰期出现又消失多次,这位空间冒险者在空间仅仅度过10年。人类在时间膨胀中生活,生命好像暂时停止了,实际上能够到遥远的恒星和其他星系中旅行。最主要的障碍是我们无法达到光速。(对于光速我们并不陌生,古人是因为有模糊的认识还是有先天的预知能力,所以留给我们:"天上方一日,人间已三年"的提示?)

　　时间膨胀不仅为探索人类能力所不能及的宇宙提供了方法,它也是一种时间旅行(一种科学幻想活动,指人离开现在而置身于未来或过去——译注)。如果空间旅行者能活万岁,那么他们不就在未来旅行,体验未来吗?毕竟,他们在"过去"的9920年前就去世了(假定人的寿命为80岁)。(看来小说里的想象也不无道理。如果有一天我们有幸等到科学发展到足够穿越时空,我们都是小说里的主人公啦!)

　　我们不妨同意以下假定,即时间膨胀的现象不是时间旅行——既不是未来时间的一

部分,也不是过去时间的一部分。我们都知道即使用光速旅行也需要时间,旅行做不到即刻到达。例如,光从月球到地球需要1秒多钟。阳光到达地球需要约8分钟。半人马星座比邻星的光到达地球需要4.2年,M104星系的光到达地球需要4000万年。我们抬头看到的月亮是1秒多钟之前的月亮,太阳光是在8分钟前出现的,半人马座比邻星闪烁的光是4.2年前的。望月功能很强的望远镜看到的M104发出的光是4000万年前的。我们所见到的一切都是过去的。我们生活在过去。如果太阳突然爆炸并消失,我们仍能看到它在空中又持续闪耀8分钟。在这8分钟内,我们仍受到其重力的影响。

反之亦然。任何人从M104星系来看地球,他所看到的是4000万年前的情景。

如果我们的光学望远镜的能力无穷大,对过去能看到多远?宇宙的外缘约为150亿光年之遥,即我们能看到这么远的过去。这是宇宙开始出现的时间,也就是常说的创世大爆炸。没有比这更遥远的距离和过去了。事实上,当时尚不存在时间。回顾过去,我们看到的一切是炫目的白光,这种白光来自于宇宙首次产生的光能。从技术上说,白光出现时间是在创世大爆炸之后约30万年,这一点是站得住的。我们确实无法超过白光的范围去看清楚每件事物的开始。(天文学家所说的注意到"宇宙的边缘"时,并非指那么远。他们指的是创世大爆炸后的10亿—20亿年间,首批恒星和星系的形成。)

假定有一颗围绕M104星系中的某颗恒星运行的行星。这是一颗反射能力很强的行星,其表面是特别光滑和闪光的岩石。我们称之为镜子—X行星,假定地球上的天文学家已经发明了功能很强大的大型光学望远镜来收集镜子—X行星光反射的光。就像您从镜子中看到自己的形象一样,地球上的天文学家把望远镜对准镜子—X时,能看到自己的反射的形象。但镜子—X必须是4000万光年之遥。光从地球到达镜子—X需要4000万年,然后从镜子—X到达地球又需要4000万年。这就是8000万年的时间。

天文学家无法看到自己的反射形象;他们只能看到地球上到处出现的恐龙。那不是侏罗纪公园。

看到过去事物这种现象不是时间旅行。一些理论物理学认为我们能够在时间上回到过去,但极其复杂,要设计出旋转黑洞、白洞、虫孔和超级绳索,能量比整个宇宙的能量可能还大。这肯定不是很近的将来会出现的技术,但现在可以作出大量的设想。

读后悟语

　　朱自清先生在《匆匆》一文中也曾用善感之心去体验时间的流逝,奉劝世人珍惜时光。万没料到时间原来是可以衡量的,更不可思议的是科学的量化计算却更让我们对时间的无情耿耿于怀。然而"朝闻道,暮死可矣"。科学毕竟是科学,科学家对事实的叙述是冷静思考和庆幸兴奋多于感怀咏叹的。

　　读完本文不禁让人慨叹科学对时间计算的精确和细致,这归功于文中具有说服力的数字。列数字是说明文中最有效的说明方法之一。

走出摇篮

朝 胜

被人们称为"航天之父"的19世纪科学家齐奥尔科夫斯基，曾经说过一句话："地球是人类的摇篮，但人类不能总生活在摇篮里。"（题记点题，并可统领全文的内容。）

"一个极美丽的蓝色光环环绕着地球……"这是1961年4月12日前苏联宇航员加加林第一次进入太空时，在航天日记中描述的情景。加加林是第一个走出地球摇篮的人。时间又过了4年，中国一个普通的婴儿出生了，在县城做小职员和做教师的父母给婴儿起名叫杨利伟。38年之后，2003年10月15日当年的婴儿乘坐"神舟5号"走出了人类的摇篮。神州大地，举国欢腾。

其实，在杨利伟之前，已经有4位黄皮肤黑眼睛的"龙的传人"走出了地球摇篮。他们是美国宇航局的华裔宇航员王赣骏、张福林、焦立中、卢杰。1985年7月25日，王赣骏乘航天飞机飞过地球上中国的版图时便开始跑步，总共用了7分钟跑过了他的祖国。而卢杰则在2000年9月11日刷新了太空行走纪录。卢杰那天的"太空远足"长达30.58米，这就像在一座13层楼建筑物的第11层楼外工作，花费了长达6小时14分。有的华裔宇航员还在太空的宇宙飞船里展开五星红旗，正如杨利伟手中有一幅联合国国旗一样。（他们正是用这种方式来寄托对祖国的热爱。）

42年来，世界上还有俄罗斯和美国发射过载人航天器。这些载人航天器有宇宙飞船、空间站和航天飞机三种，载人发射已有218次，总共有851人次宇航员成为走出地球摇篮的英雄。值得一提的是，第一个走出地球摇篮的女人，1963年前苏联的捷列什科娃乘东方6号飞船在太空飞行了3天载誉归来，成为世界上第一位女宇航员。更加值得一提的是为人类走出摇篮而献身的英雄:他们是前苏联宇航员科马罗夫乘联盟9号飞船游历太空返回地面时,由于降落伞发生故障而壮烈捐躯;美国第一个太空女教师麦考利夫以及其余7名宇航员,由于挑战者号航天飞机升空爆炸而全部罹难。他们为征服太空献出了宝贵的生命。大概还有更多为人类走出摇篮鞠躬尽瘁死而后已的无名英雄。他们美丽的灵魂一定在美丽的太空里飞扬。(人类在走出地球摇篮的征程中,有成功也有失败,人类付出了惨重的代价。)

人类走出摇篮,首先是思想要走出摇篮。(一句话过渡。)这次从神舟5号传来的影像资料,又一次让我们看到了人类的摇篮地球是多么小。50多亿个婴儿在一个摇篮里共生,首要的一条是什么呢?这就是许多走出摇篮的宇航员向我们所展示的那样——要有包容宇宙的博大胸怀! 因领土资源不同,因意识形态不同,因地位权势不同,甚至因信息沟通不同,便掐,便咬,便杀,便炸,便血肉横飞,便尸横遍野,便毁人家园,便灭人种族……地雷、炸弹、毒气、细菌、原子弹、中子弹花样翻新不一而足;从激光制导、卫星定位到飞机撞击、人体引爆,小小的地球摇篮里居然装满了这些婴儿的"玩具",据说这些"玩具"如果同时爆炸,可以毁灭地球多次。其实,摇篮只要毁灭了一次,50多亿的婴儿就万劫不复了!香港一家电视台的节目主持人感叹:如果能够让有些国家的领导人乘宇宙飞船上太空一次,也许他们就不会像现在这样热衷于争斗了吧。我刻薄地想,如果他们不回来更好! 只要看看我们的摇篮被他们毁坏成什么样子了,您就会和我有同感。

2003年7月,俄罗斯、美国等16个国家研制的国际空间站,已经有曙光号功能舱、团结号节点舱和星辰号服务舱在太空实现对接,组成了轨道联合体,具备了载人飞行的能力。这个国际空间站共有30个舱段,将于2005年全部建成。这座新兴的规模庞大的太空城,就是人类太空家园的雏形吗?

人类正在努力地走出地球摇篮,但是我们不得不痛苦地承认,人类远远还没有成熟到可以离开摇篮的程度。在地球的有些地方,科学不为战场便为市场,不以杀生为标准便以金钱为价值;资源不是巧取便是豪夺,不是将地球开膛破肚就是把动植物碎尸万段;文化不为天使便为魔鬼,不是勾结利用的党同就是反目成仇的伐异;欲望得之不足失之则忧,不是贪得无厌的索取就是落井下石的变态……这些都是阻碍人类成长的心魔。(几个排比,摆出人类的罪行,骇人听闻啊!)心魔不除,人类不可能走出摇篮;心魔不除,婴儿不可能长大成人;心魔不除,摇篮虽在却危在旦夕;心魔不除,岁月如流却心似侏儒。

(这是作者的呼唤! 这更是人类的呼唤!)

　　杨利伟走出了摇篮,给我们带来了宇宙的美丽。美丽的宇宙只接纳美丽的心灵,地球摇篮里的婴儿,什么时候能够走向美丽的成熟呢?

读后悟语

　　这是一支对人类征服宇宙空间的赞歌,更是一首渴望人类和平的赞美诗。

　　一位科学家曾经说过:"在宇宙面前,人类永远是最幼稚的",什么时候人类才能走出摇篮,成长起来,对我们美丽的家园肩负起伟大的责任?

　　写文章要善于联想,由此及彼的联想会使文章内容更丰富,文笔更出色。例如本文中"摇篮"这一精妙的比喻就是作者联想的结果。联想可以是同类事物间的,也可以是时间先后,不同事物间的,更可以是逻辑推理上的联想。

从爱因斯坦看科学精神(节选)

位梦华

科学精神非常重要,但要回答什么是科学精神,却是一个非常困难的问题,因为这很抽象,为了避免空对空、从定义到定义,我们不妨找个具体例子,从实践中来看一看,科学精神应该怎样来定义。(开头提出问题,引人思考。)

首先应该说明的是,科学精神并不是科学的专利,而是一种普遍存在的精神,任何人都可能有科学精神。但是,对科学家来说,却必须要有科学精神,至少要在他所研究的领域里有科学精神,才能取得突破和成绩。为了说明这一点,我们不妨以爱因斯坦为例,来看看科学家与科学精神的关系。(事例是议论文中很重要的一个要素,这是议论的基础,是万丈高楼的根基。)

爱因斯坦,是20世纪最伟大的科学家,也是人类有史以来最为聪明的人。那么,科学精神在他身上又是怎样体现出来的呢?

爱因斯坦小的时候就勇于探索,经常向老师提出一些稀奇古怪、无法解答的问题,受到了老师和同学的嘲笑,他却并不在意。后来,由于他的这些行为,校方认为他精神上有问题,硬把他赶出了学校。但是,年轻的爱因斯坦并没有向这些世袭的观念低头,而是继续探索,并到苏黎世去完成了自己的大学教育。结果,从1902到1909年,当他在瑞士当一名小职员的时候,经常思考宇宙问题,并终于提出了相对论,一个伟大的天才就这样诞生了。由此可见,勇于探索,敢于创新是非常重要的。(耳熟能详的故事最有说服力。)

然则,即使这样的人类精英,同样也难免会犯错误。爱因斯坦的相对论提出来以后,在世界科学界立刻引起了强烈的反响,因为把时间紧密地连在一起,而且时间和空间还会因为物质的存在而弯曲，这样的概念是闻所未闻的。而爱因斯坦呢，也在急于寻找一种试验模型，以便把自己的理论应用于解决实际问题。然而，当他把广义相对论的方程式应用于整个宇宙空间时，得到的解却是不稳定的。他惊奇地发现，在这个模型中，空间的距离并不是保持恒定不变的，而是随着时间的推移或者伸长或者缩短。这也就是说，宇宙要么是在膨胀之中，要么是在收缩之中。实际上，这样的结果正是符合相对论的，但爱因斯坦却被传统的观念所束缚，对这样的结果大感困惑，认为空间不应该自己胀大或缩小，宇宙中两个点之间的距离应该是不变的。他百思不得其解，他便在自己的方程式中加上了一个常数项，称之为"宇宙常数"，以此来保证宇宙中的距离不会随着时间而改变，这就是所谓的爱因斯坦静态宇宙。

四年之后，即1922年，一位出生于圣彼得堡的年轻的数学家和大气物理学家弗理德曼，在详细地研究了爱因斯坦所做的计算之后，发现这位伟大的科学家犯了一个非常关键性的错误。他相信，这个静态宇宙肯定是爱因斯坦对他的方程式做了修改之后的一个解，但却并不是这个方程唯一的解，还有别的解。弗理德曼按照不加任何修改的爱因斯坦广义相对论方程进行了计算，所得的解却是一个膨胀着的宇宙，恰好与爱因斯坦方程原先所描述的完全一致，他把这一结果寄给了爱因斯坦。起先，爱因斯坦认为肯定是费理德曼计算错了，但他很快就被弗理德曼所说服，因为他所得到的静态宇宙是不切实际的，只是一个特殊的解，是极其不稳定的，只要稍微有一点更动，就会膨胀或者收缩。"一失足成千古恨"啊！正因为受到传统观念的约束，爱因斯坦失去了作出宇宙正在膨胀这一伟大预言的良机！这是爱因斯坦的第一次失误。

1939年，当爱因斯坦得知，纳粹德国可能已经发现了核裂变，有可能会制造出核武器的时候，出于对纳粹的痛恨和恐惧，他便写信给当时的美国总统罗斯福，建议制造原子弹。罗斯福总统采纳了爱因斯坦的意见，招来了核物理学家费米，在爱因斯坦的积极参与下，终于制造出了人类历史上第一批核武器。但是，当美国人把原子弹投在日本之后，爱因斯坦却又良心发现，陷入了深深的痛苦之中。他认识到，科学不仅能够创造奇迹，而且也能扭曲人性。因此他认为，这是他的更大的失误。在此后的余生中，爱因斯坦总是不遗余力地致力于世界和平。（人总是会有失误的，难得的是有知错能改的决心和意志。）

从爱因斯坦的一生中可以看出，当他不为世俗观念所约束时，他就会发挥自己的聪明才智，提出了相对论的伟大学说。这是勇于探索，实事求是。而当他受到传统观念所约束时,就导致了终生的遗憾,这是由于唯心所致。但当一个年轻的数学家指出了他的错误时,他并没有摆大科学家的架子,而是虚心接受,心悦诚服。这就是坚持真理,修正错误,尊重客观规律。为了打败纳粹,他献计献策,积极参与,终于制造出了原子弹,这是科学家的责任感。但是,当他看到科学竟能够造出如此残酷的杀人武器时,他又良心发现,后悔莫及,这是科学家的良心。所以,从爱因斯坦一生的实践中可以看出,在他身上所体现出来的科学精神应该是:勇于探索,敢于创新,提倡唯物,反对唯心,坚持真理,破除迷信,实事求是,尊重客观规律的精神。有了这种精神,就会勇往直前,不断前进;谁违背了这种精神,就会误入歧途,寸步难行。因此,不仅科学家在从事科学研究时必须要有科学精神,才有可能取得成绩和突破,而且任何人在做事情时都要有科学精神,才能避免少走弯路,以达到自己预期的目的,实现自己的人生价值。(由摆事实到讲道理,水到渠成,顺理成章。照应开头,解决问题,总结全文。)

读后悟语

　　要把自己的观点、看法说清楚,并且让别人信服,就要有充分的事实作为依据,这就是我们平时所说的"摆事实,讲道理"。举出一个名人真实的例子作为论据,就像本文一样,爱因斯坦,一位科学上的巨人,家喻户晓,他的例子最有说服力。但是要切记,千万不要为了说得更有力度而虚构或夸大其词,这样反而会适得其反。我们刚刚读过:"科学精神应该是:勇于探索,敢于创新,提倡唯物,反对唯心,坚持真理,破除迷信,实事求是,尊重客观规律的精神。"记住,科学精神并不一定在伟人身上才有,我们写作时,在做任何一件小事的时候,都要培养并坚持这种实事求是的科学精神!

　　引用事例时,应尽量引用名人伟人的事例,以增强文章的说服力。

科学是美丽的

沈致远

在常人心目中,科学是深奥的、艰难的、枯燥的;提到科学家,眼前就浮现出爱因斯坦的形象——白发怒张、皱纹满面。科学怎么会是美丽的呢?不可思议!(真的不可思议吗?)

事实是:科学不仅是美丽的,而且是旷世奇美,美不胜收。常人为什么没有感受到呢?责任在科学家,他们沉浸于科学美中其乐融融,忘记了与大众分享。但也有例外,李政道近年来频频撰文著书,极力提倡科学美。他还请了著名画家李可染、吴作人、吴冠中等作画描绘物理学的内禀美。这些作品最近结集成书,名为《科学与艺术》,引起了科学界和艺术界的注目。

乍看图中那位载歌载舞的女郎,以为是一位当红歌星,其实她是旧金山大学的天文物理学家琳达·威廉斯。她从小爱好歌舞,进入大学攻读天文物理学,为宇宙的奇瑰美景所倾倒,决定利用业余时间传播科学美。威廉斯对《纽约时报》记者局莱斯说:"天文物理是最美丽的。还有什么比宇宙的诞生更美丽?还有什么比黑洞、多重宇宙和交响共鸣着的宇宙流更美丽?"威廉斯说得好! 让我们继续下去:还有什么比原子中的"云深不知处"的电子云更具朦胧美?还有什么比生命之源叶绿素中的"绿色秘密"更具神秘美?还有什么比生命之梯回旋曲折的 DNA 双螺旋更具活力美?还有什么比"纳米"世界中用原子砌成的纤巧结构更具精致美?……

威廉斯为科学美所启迪,开始写科学诗。《纽约时报》于2000年6月4日刊登了她的一组诗,我将其中两首译成中文发表在《诗刊》2000年11月号,下面是一首《碳是女孩之最爱》:

碳是女孩之最爱

黄金确实很宝贵

但不会燃起你心中之火

也不会使火车长啸飞驰

碳是地球上一切生命之源

它来自太空的陨石

构成一切有机物质

在大气层中循环往复

钻石　煤炭　石油　总有一天用完

能构成一切的将是碳纳米管

碳是女孩之最爱

"钻石是女孩之最爱"是美国流行的谚语，威廉斯扩其意而用之，从碳元素的一种特殊结晶形态——钻石，推广到碳的各种形态。女孩爱钻石，无非是爱钻石首饰之光华夺目价值连城，用以炫耀自己雍容华贵的外表美。威廉斯以诗意的语言，赞美碳的实用价值及其对生命循环的重要性，表现的是内涵美。较之原谚语这是艺术的升华，意境大为提高。(同样是碳，一种灰得丑陋，一种纯得晶莹，科学本身就是一种神秘的美。没有平日对材料的积累是没有这样的感悟的。)

威廉斯的诗充满着女性所特有的细腻感情，往往在科学美中注入浪漫情怀，例如一首小诗《爱之力》：

物理学家发现宇宙有四种力

强力　弱力　引力　电磁力

但我发现了一种新的力凌驾一切

我谨向你提议

爱的统一理论

爱之力凌驾一切! 科学家想到过吗?

(多么巧妙的想象!)

吟之不尽，继之以歌舞。威廉斯将自己的科学诗配曲，载歌载舞登台表演。加州理工学院举行的一次天文物理学国际会议上，她在霍金、惠勒、索恩等科学大师面前，演唱了自己作词并按英国著名的甲壳虫乐队《黑鸟之歌》调子谱曲的《黑洞之歌》：

黑洞在死寂的夜空中旋转

转着转着逸出了视线

直到发生碰撞

我们正等待着你的引力波出现

（"逸出了视线"形象传神！）

这次会议是庆祝黑洞理论和引力波测先驱索恩教授六十华诞，威廉斯借流行歌曲《黑鸟之歌》的一字之改，不是很风趣而又切题吗？

威廉斯还专为中学生作科学歌舞表演，她关切地说："十几岁的女孩们为了吸引男孩，不顾一切放弃学业，这很危险，尤其在这高科技时代。她编了一支歌，题为《物质化女孩》：

男孩们只知吻我拥抱我

我认为他们跟不上时代

如果他们不懂得谈论量子力学

我就从他们身旁走开

她在舞台上手持话筒边唱边跳，背后天幕上灯光映出五十位著名女科学家的肖像。威廉斯说："希望她们从这些杰出的女性中得到启发。"

威廉斯的科学歌舞生涯也并非一帆风顺。她曾向"物理学中的女性"会议的组织者要求安排一场学歌舞表演，却被拒绝，理由是"不合适"。她失望地说："我要呼喊：嗨！女士们！为我们所进行的革命添加一点幽默感。"威廉斯曾在一次有上千人参加的高能物理国际会议上表演，其中有些人不谙英语，不能领会她表演中的幽默，因而中场离席。幸亏有俄国科学家捧场，上台给威廉斯献花。

她在天文学家集会上的表演则完全是另一番景象，与会者和着威廉斯的歌声一起尽情欢唱，并且跃上座椅翩翩起舞。威廉斯说："作为天文学家，你必须具有幻想和好奇心。"其实何止是天文学家，不具有幻想和好奇心的人根本不可能成为有创意的科学家。有创意的科学家和优秀的艺术家具有相同的气质，一反传统，求新求异。

不仅物理学是美丽的，数学也是非常美丽的。早在古希腊和罗马时代，艺术家就发现了人体的曲线美。现代派的雕塑家和画家以他们的作品表现了几何形体的视觉美，在毕加索晚期作品中频频出现的怪异人像——两个鼻子三只眼睛等等,据说其灵感来自数学中超越现实三维空间的抽象高维空间。数学家以迭代在复数平面上产生的"分形"图案之奇幻迷离、千变万化,使艺术家也叹为观止。(你听说过"黄金分割点"吗?这种美竟然可以用数学来表示,这个世界本身就是神奇的。)

科学追求真理,揭示宇宙万物的真相及其变化规律。真正的科学家都懂得:真理是简单的,而且越是深层次的适用范围越是普遍的真理就越简单。简单、深刻、普遍三位一体,这就是科学美之源泉。

科学家在追求真理的过程中,锲而不舍,孜孜以求。常人往往认为是苦,其实他们虽然辛苦却乐在其中。科学家顿悟和突破后的快感乃先睹为快——享受前人从未见过的瑰丽美景。(人何尝不是如此?)

科学是美丽的! 你同意吗?

读后悟语

历史上科学与艺术之间不乏相互促进的实例,许多伟大人物既是科学家,也是艺术家,如丢勒、罗蒙诺索夫、奥本海默、达·芬奇等。例如达·芬奇是一位家喻户晓的大画家,但同时他也是一位著名的科学家,他在解剖医学上的造诣让他画出来的人体充满了美感。

作文是需要敏锐的观察力的。而哲人说得好,世界上并不缺少美,缺少的是发现美的眼睛。只要你能用心灵用眼睛去观察去体会,每时每刻都让自己全身心地与世界亲密接触,美就在你身边,美文就在你笔下。

飞船两小时后将坠毁

——人类有史以来最悲壮的电视直播

赵晓根

　　1967年8月23日,前苏联宇航员弗拉迪米·科马洛夫驾驶联盟一号宇宙飞船在完成太空飞行任务之后,胜利返航……不料:当宇宙飞船返回大气层后,突然发生了恶性事故,减速降落伞无法打开,飞船在两个小时以后将要坠毁。(叙事简单,快速进入主题。)

　　面对巨变,地面指挥中心马上向中央报告,中央领导研究后出乎意料地决定:向全国直播实况。最著名的播音员以沉重的语调宣布:宇宙飞船发生故障,两小时后将在着陆基地附近坠毁,我们将目睹民族英雄科马洛夫殉难。

　　举国上下都被震撼了,沉浸在巨大的悲痛之中。

　　科马洛夫心情也很沉重,但他还是控制住自己,要求先向地面汇报此次飞船探险的情况。汇报用了70分钟。在科马洛夫生命消逝的分分秒秒中,全国电视观众只能通过屏幕看到科马洛夫无声的形象(因保密而关闭了声音传递),人们的紧张情绪已经超过了当年听到希特勒进攻前苏联时的程度,而科马洛夫却目光泰然,就像在办公室里正常工作一样,神态是那么从容……

　　全国电视观众也看到了科马洛夫的母亲。白发苍苍的老母亲心如刀绞:"儿子,我的儿子,你……"她不知和儿子说什么好,科马洛夫脸上露出笑容:"妈妈,您的图像我在这里看得非常清楚,每一根白发都能看清,您能看清我吗?""能,看得清,儿啊,妈妈一切都很好,你放心吧!"(科马洛夫的从容和笑容中包含了多少坚强!)

　　科马洛夫的妻子,也泪如雨下。科马洛夫给妻子送去一个调皮而又深情的飞吻。妻子说："亲爱的，我好想你！"就再也说不出话来。(你能理解这种"调皮而又深情"吗?)

科马洛夫也很激动，他拿出一支金笔对妻子说："亲爱的，这支金笔随我飞入太空。我用宇航服把它包好，一会儿的大爆炸，不会对它造成损伤。请你把它转赠给未来的丈夫。我想我不会下地狱。我会在天堂里祝福你们。"面对此情此景，屏幕前的人全都落泪了。科马洛夫的女儿也出现在屏幕上，她还只有12岁，看到女儿，科马洛夫的眼睛里骤然飘过一层阴云："女儿，不要哭！"("骤然"的变化中不仅仅是对女儿深深的爱。)

"我不哭……"孩子已是泣不成声，"爸爸，您是苏联英雄。我想告诉你，英雄的女儿，是会像英雄那样生活的！""你真好！"科马洛夫仿佛也是对全国的小朋友说，"可是我要告诉你，也告诉全国的小朋友，请你们学习时，认真对待每一个小数点，每一个标点符号。联盟一号今天发生的一切，就是因为地面检查时忽视了一个小数点，这场悲剧，也可以叫做对一个小数点疏忽的悲剧。同学们，记住它……" (生命代价，何其惨重！)

时间一秒一秒地过去了，只剩下7分钟。科马洛夫毅然和女儿挥了挥手，面向全国的电视观众："同胞们，请允许我在这茫茫的太空中与你们告别……"

飞船像流星一样掠过长空……(省略号留给读者的是无尽的哀思。)

读后悟语

何等悲壮的一幕，何等豪迈的情怀！这次飞船坠毁事件远比人类成功登上月球更让人震撼。悲剧之所以震撼人心是因为悲剧"把美好的事物毁灭给人看"：一个细微的失误让活生生的生命来承受死亡，让成功的返航成为亲人生死永诀，即使面对死亡也从容笑对。这其间有多少值得人类思考的话题。

写人时注意描写人物的神态、动作，如实地记录下人物的语言都可以把人物写得形象感人并突出人物的性格。

"异想天开"的故事(节选)

郝应其

诗人有了幻想,作品才有文采;科学家有了幻想,工作中才能迸发出无穷的创造力。科学和幻想结合,就会形成巨大的物质力量。科学史上许多卓越的成就,无不发端于幻想,而逐步走向现实。也许,一项幻想刚一表达出来时,当事人未必完全了解这些思想的意义和价值,听者和读者也不一定会认为这些幻想能实现。然而,科学的发展会一步一步地印证这些"异想天开"的事情未必荒谬……

月镜高悬

漫漫长夜,周围一片黑暗。诗人李白曾焦急地询问:"青天有月来几时?我今停杯一问之。"待到月如玉盘,银霜满地,那皎洁的月光却不能常驻。苏轼又感叹道:"月有阴晴圆缺,此事古难全!"1869年,一个叫海尔的人写了一篇叫《砖月》的幻想小说,描述一座圆形的砖屋被误抛入空中,成为人工月亮。大约30年前,奥别兹进而提出在天空设置一面巨大的钠镜,为城市进行夜间照明。这就是人造月球的设想。(引用古诗恰到好处,既印证了幻想源远流长,又为文章增色。)

1974年,美国洛克希德公司制成一个直径10米的卷肋天线,使用在应用技术人造卫星上。它的结构同一把自动雨伞类似,柔性的铝肋可以沿中心毂收卷,由火箭发射到环绕地球的轨道上,然后自动弹开。这时镀铜的聚酯纤维薄膜伞衣被张紧,形成一个半球形的反射抛物面。这就是近年来研究成功的展开式天线。它结构简单,不需派宇航员到空间去安装。不久之后,又设计出一种流动点通信卫星。它的天线罩展开后径达75米,利用200组定向波束来覆盖整个美国。这种低成本的通信网可以供城市和乡村的单位和个人使用。无论走到哪里,在汽车、拖拉机、飞机或旅店里,只要打开便携式收发机,就可以通过这面空中巨镜进行通信医疗、专题学习、联系工作、订购物品和投票选举等活动。

规模更大的天线采用拼装式和制造式。这就要利用航天飞机或空间飞船将宇航员、加工机械和原材料送入低轨或高轨,加工出桁架和模板,进行现场装配。

这些模板有的呈六边形,有的呈四边形,可以拼装圆形或矩形天线阵列。由于对精度要求很高,直径或长宽100米仅允许有15毫米的误差,因此要采用热膨胀系数接近零的石墨——环氧树脂复合材料制造。

在上述技术成就的基础上,最近美国航空和宇航局的米勒等人提出一个方案,在空间安装一面巨型反射镜。镜面边长1000米,由镀铝聚酰亚胺薄膜组成,放置位置在距地面3600万米的地球同步轨道上。镜面将阳光聚焦于地面能量转换系统上,提供电能。它的另一些用途就是烘干谷物、淡化海水、提高农作物产量,当然也包括奥别兹提出的夜间城市照明,12面这样的镜子,亮度10倍于满月光。这种人造月球和地球同步,因此昼夜长明,位置不动,有盈无亏。(从美好的设想到一步步发展,再到最接近幻想的方案,人类"异想"终会让"天开"。)善感的诗人们,再不必为"明月不归沉碧海"而遗憾了。(结尾再引一句,前后呼应。)

天顶花园

古代的文人墨客在神游天顶时,常常感叹那里的嘉木秀禾过于茂密。辛弃疾风趣地写道:"乘风好去,长空万里,直下看山河,斫去桂婆娑,人道是清光更多。"在《西游记》里,作者把御花园里的蟠桃、西天的长生果写得有声有色。究竟生长在空间的奇花异草与地面普通植物有什么区别呢?

早在20世纪20年代,前苏联火箭学家齐奥尔科夫斯基在他的科学幻想小说《告别地球》中,就设计了一个空间居留站,并且突出了它培育植物的玻璃拱顶大温室。温室始终朝阳,里面草木葱茏,四季常青。温室周围是种种圆筒形的舱室和通道,供人们生活和工作。各个舱室之间用密封门隔绝,以防万一一处漏气而影响全局。整个居留站绕纵轴缓缓旋转,造成与地球引力相似的人工引力,以适应人们的习惯。

最有趣的是大温室不仅为居民提供食物,还可以处理废物和净化空气。在温室里人和植物都处于头对头的状态,但绝不会相碰。空间站还利用太阳能调节温度,使人们温暖舒适。这是多么美好又多么完善的想象啊! (两个小故事,结构相似。)

继20世纪60年代载人宇宙飞船上天之后,空间站也在70年代进入轨道。从1971年至1977年,世界上共发射了七个空间站,有美国的"天空实验室"和前苏联的"礼炮"。到目前为止只有"礼炮"6号仍在运行。空间站在空间存在的时间较长,1980年10月前苏联的两名宇航员在空间站生活了185天归来。果然像齐奥尔科夫斯基多年前预见的那样,在空间站内开始培育植物。最初人们曾猜测,在失重环境下,加上充沛的日照和水肥,长出枣大的麦粒和稻谷,像西瓜大的茄子和辣椒。事情果真这样吗?1975年在"礼炮"4号上播种了小麦,出芽的确比地面快得多,15天后便长到30厘米高。奇怪的是它却不肯抽穗! 在"礼炮"6号上比较幸运,栽培的葱头已摆上了宇航员的餐桌,然而豆角和黄瓜既不会开花,也不会结果。科学家们百思不解,得不出一致的看法。前苏联科学家们认为,这是由于空间植物的蛋白合成受到障碍,或者植物的新陈代谢在失重状态下受到破坏,而使植物体内的废物排不出去的结果。

科学是为战胜困难而存在的。空间培育植物虽然受到暂时的挫折,适应空间生长的丰收品种迟早总会培育出来。(人类的幻想总是能够超越人类的能力,也许你的想象很快就能变成现实!)

谢谢你们,异想天开的大师们!

皎洁的人造月光,空中的琼楼玉宇,天宫的珍奇果品,都将络绎进入人类的现实生活!

读后悟语

人类的进步总是和神话故事沾亲带故,《西游记》中有飞天遁地的孙悟空,今有个人飞行器,人人皆有可能"腾云驾雾";希腊神话中有火神赫斐斯托司,今有煤气炉、电磁炉,家家都能司火;印度神话中有主宰破坏和再生的湿婆神,今有定向爆破和摩天大厦……

就连我们的伟大领袖毛主席也曾经高歌:"更立西江石壁,截断巫山云雨,高峡出平湖。神女应无恙,当惊世界殊。"如今三峡工程正在一步步地实现这一伟大的梦想,但是我们不要忘了:实现梦想的这个过程本身就是艰辛和漫长的。

引用一些古诗词可以把平实甚至枯燥的说明文写得生动活泼。

20世纪第一发明

孙远旭

  1986年,美国著名的《科学世界》杂志根据广大读者推荐,从成千上万件发明中,选出了20世纪对人类生活影响最大的10大发明,这10大发明中有飞机、火箭、尼龙、电视、电冰箱、飞艇、集成电路等赫赫有名的科技成果,但是,名列榜首的却是小小的"拉链"。可见它在人类生活中所起的作用。(与题目显示的气势截然不同,造成了阅读心理落差,令读者有读下去一探究竟的欲望。)拉链的发明产生于19世纪末。那时候的时髦衣服要有很沉重厚实的内衣衬在外衣里,一层一层的,包括衬衣、背心和外罩,所有衣服都要用带子、布条或一排排的纽扣拉紧。有时穿或脱一次衣服要用半个小时,就连应时的靴子也用纽扣或鞋带紧紧地绑到膝盖。妇女们为衣服钉纽扣成了一项繁琐费时的工作。

  1896年5月18日,美国芝加哥市有一个名叫威特科姆·贾德森的工程师,他看到妻子做衣服钉纽扣钉得手指都磨破了,很感心疼。为减轻妻子的痛苦,他想出一个办法:在两条布边上镶嵌了一个个U形的金属牙,再利用一个两端开口、前大后小的元件,让它骑在金属牙上,通过它的滑动使两边金属牙啮合在一起,从而发明了"滑动绑紧器"。他把自己的发明送到芝加哥国际博览会上展出,人们把贾德森的发明叫做"可移动的扣子"。这就是拉链的雏形。(机会总是留给有心人的!)

  贾德森发明的这种"可移动的扣子"存在严重的缺点——闭合不妥帖,而且容易自动绷开,如果用在裙子和裤子上,突然绷开就会令人十分尴尬。新产品还不能弯折、扭曲或洗涤。但是,他的发明独具创造性,直到1905年他获得与此有关的第5号专利时,还没有其他人提出过与此发明有关的专利申请。

贾德森因为此项发明同路易丝·伍尔科一起办起了"宇宙绑紧器公司"和"新泽西郝伯肯钩眼公司",并为继续研制新产品而努力。到了1913年,他们雇用的一位名叫桑帕克的瑞典工程师改进了贾德森的设计,将链齿改成凹凸形的,使它们一个紧套一个,这样,金属牙就不会自己分开了,非常类似于今天的拉链。他还设计出相应的生产机器,为拉链的批量生产打下了基础。

1924年,美国固定公司从桑帕克处购买了这种拉链专利,将它投入生产,并在商品交易会上当场表演新的"可移动的扣子"引起了人们极大的兴趣。人们看到它使用起来十分方便牢靠,纷纷加以赞赏。根据它开合时发出的摩擦声,固定公司为它起了形象的名字,叫"Zipper",也就是拉链。

在第一次世界大战期间,由于参战国要赶制大量的军服、军靴,因此大量使用了拉链。到20世纪30年代,英国威尔士亲王穿起了一条以拉链代替纽扣的裤子,从此,拉链开始进入了服装业并变得时髦起来。

如今,拉链已经演变得更加先进,成了生活中不可缺少的东西。从制造材料上看,已有铁、铜、尼龙、塑料、混合纤维等多种材料制成的拉链,它的用途早已突破了服装业,涉足公共服务中的各个领域。

读后悟语

你看过"铅笔的发明"、"邮票的发明"、"鲁班锯的发明"……故事吗?这些生活中看似微不足道的东西对我们的生活起着重要的作用,可它们的出现却就是那么简单。科学家、发明家并不都是智商的化身,他们拥有的是大智慧,这是一种源自生活,造福人类的大智慧;他们拥有小发现,有留心观察生活,体验人生的小发现。也许简单本身就是一种至高的智慧。

科学从来都是为社会服务,这些特质也可以作为成功的基础。你关注生活吗?你热爱生活吗?如果你的答案是"是"的话,你也拥有了成功的基础。

真理诞生于一百个问号之后

叶永烈

有一句著名的格言:"真理诞生于一百个问号之后。"这句格言本身,也是真理。(开门见山,一目了然。)

人们总是很尊敬发现真理的人。其实,要发现真理,说难也不难,说容易并不容易。真理常常就在你的身边,看你有没有一双敏锐的眼睛,看你有没有一个善于思考的脑子,看你有没有敢于坚持真理的勇气。

纵观千百年来的科学技术发展史,那些定理、定律、学说的发现者、创立者,差不多都很善于从细小、司空见惯的自然现象中看出问题,追根求源,终于把"?"拉直,变成"!",找到了真理。

就拿洗澡来说,是一件非常普通的事情。洗完澡,把浴缸的塞子一拔,水哗哗地流走……然则,美国麻省理工学院机械工程系的系主任谢皮罗教授却敏锐地注意到:每次放掉洗澡水时,水的漩涡总是向左旋的,也就是逆时针的!

这是为什么呢?谢皮罗紧紧抓住这个问号不放。他设计了一个碟形容器,里面灌满水,每当拔掉碟底的塞子,碟里的水也总是形成逆时针旋转的漩涡。这证明放洗澡水时漩涡朝左,并非偶然,而是一种有规律的现象。(这么小的一件事情都能让他找到规律,正印证了一句老话:"机会总是留给有准备的人的。")

1962年,谢皮罗发表了论文,认为这漩涡与地球自转有关。如果地球停止自转的话,拔掉澡盆的塞子,不会产生漩涡。由于地球不停地自西向东旋转,而美国处于北半球,便使洗澡水朝逆时针方向旋转。

谢皮罗认为，北半球的台风都是逆时针方向旋转，其道理与洗澡水的漩涡是一样的。他断言，如果在南半球则恰好相反，洗澡水将按顺时针形成漩涡；在赤道，则不会形成漩涡！

谢皮罗的论文发表之后，引起各国科学家莫大兴趣，纷纷在各地进行实验，结果证明谢皮罗的论断完全正确。

谢皮罗教授从洗澡水的漩涡，联想到地球的自转问题，联想到台风方向问题，并做出了合乎逻辑的推理，这正是他目光敏锐，善于思索的体现。

无独有偶，在60多年前，一位名叫密卡尔逊的生物学家，调查了蚯蚓在地球上的分布情况。他指出，美国东海岸有一种蚯蚓，而欧洲西海岸同纬度地区也有这种蚯蚓，在美国西海岸却没有这种蚯蚓。密卡尔逊无法回答这是为什么。

密卡尔逊的论文，引起了德国地质学家魏格纳的注意。当时，魏格纳正在研究大陆和海洋的起源问题。他认为，那小小的蚯蚓，活动能力很有限，无法跨渡大洋，它的这种分布情况正好说明欧洲大陆与美洲大陆本来是连在一起的，后来裂开了，分为两个洲。他把蚯蚓的地理分布作为例证之一，写进了他的巨著《大陆和海洋的起源》一书。

魏格纳从蚯蚓的分布，推论地球上大陆和海洋的形成，这证明：他的成功在于从问号中寻求真理。

最为有趣的是一位奥地利医生，看到儿子睡觉时，忽然眼珠子转动起来。他感到奇怪，连忙叫醒了儿子，儿子说他刚才做了一个梦。

这位医生想，眼珠子转动会不会与做梦有关呢？

于是，他把儿子当成了"试验品"：每当儿子睡觉时，他便守在旁边。一旦发现儿子眼珠子转动就叫醒儿子，儿子总是说做了一个梦。

医生又细细地观察他的妻子，后来又观察了邻居，都发现同样的情况。于是，他写出了论文，指出了当人的眼珠子转动时，表示睡者在做梦。(连续三个事例，有详有略，充分证明了作者的观点。)

他的论文引起了各国科学家的注意，如今，人们研究梦的生理学，用眼珠子转动的次数、转动时间，测量人做梦的次数，梦的长短。

洗澡水漩涡、蚯蚓的分布、做梦，这些都是很平常的事情。然而，善于"打破砂锅问到底"的人，却从中有所发现，有所发明，有所创造，有所前进。

在科学史上,这样的事例岂止三个?这说明科学并不神秘,科学并不遥远,只要你见微知著,那么,当你解答了一百个问号之后,必能发现真理。(举例之后再强调观点,事半功倍。)

读后悟语

本文不禁让我们想起了小时候常看的一本书:《十万个为什么》。其中的科学奥妙让我们着迷,一个个小问号在我们眼中是多么的神奇,可是看过这本书的人成千上万,但成为科学家的又有多少呢?可能正如文中所说:我们缺少的是"打破砂锅问到底"的精神——我们可能已经丢失了我们生命中最宝贵的一笔财富。很多人都在探索宇宙是有限的还是无限的,至今也没有一个定论,宇宙的大小还是超过了人类所能探索到的范围,那么一些有识之士开始反思:人类的探索究竟是有限的还是无限的呢?人类的探索又应该是有限的还是无限的呢?

本文可以与《20世纪第一发明》相比较,想想议论文与科学小品文的写法有什么不同呢?

学 生 作 品

　　教师,就是学生智力生活中的第一盏、继而也是主要的一盏指路灯;是他在激发学生的求知欲,教会他们尊重科学、文化和教育。

——[俄]苏霍姆林斯基

科技的遐想

梁孟菲

　　"世界上有两样东西能长久地震撼人心,一为人类崇高的道德,二为我们头顶深邃的星空。"著名哲学家康德曾这样说过。(人类与宇宙相提并论,是因为科技的伟大。)

　　当你抬头仰望星空的时候,你看到的不过永远都是那片严严实实的黑色,你极力想洞穿这片永无边际的幽深,但目光却在苍茫的天壁下寸步难行,只剩下一片深邃的夜空,包容一切黑暗和隐忍。

　　时间旅行曾经只是科幻小说的宠儿,被小说家们刻画得如此神秘。但如今,美国的天文学家却成功地把时钟调到了130亿年前,把我们带到了宇宙古远的奇妙世界。当怀着敬畏之情站在这张哈勃望远镜拍下的"宇宙婴儿期"的照片前,望着宇宙大爆炸刚形成后的混乱无序,看着宇宙"褓褓期"的紊乱混沌,默念着那久远的骇人的年代,感受着科学的浩瀚与伟大,心中徒有一点呼之欲出的怯畏和心虚。

　　明亮的荧屏前,杯里的热茶徐徐地冒着烟,只听得见电线中嗡嗡的电流声和清脆的键盘敲打声……仅通过一道纤细的电线,便可跨越百千国度,逾越种族肤色,无所拘束、痛快淋漓地畅游于大千世界之中。于是,便有了"轻舞飞扬"与"痞子蔡"的浪漫,有了一段又一段迷离的梦幻;有了她们的畅快不羁,还有了他们的放浪形骸。

　　苦闷空闲时,到网上转悠转悠,打两个哈哈,泡上个三五小时,已成为了时下流行的休闲方式。然而网上的虚拟世界,有着太多的流光溢彩,太多的诱惑,就像华美的镂空,尽管极尽精致,如何惊为天人,其实质却是虚无缥缈的空洞。这便只会将人推向浅薄轻率的方向,使人们变得愚昧、无知、可笑,去追逐虚拟中的幻影,以探寻那瞬间的刺激与欢愉,而最终被网络的漩涡一遍又一遍地席卷冲刷得毫无挣扎反抗之意……

从第一只克隆羊"多莉"诞生的那一刻起,人类便进入科技的另一个新纪元——"人"的复制不再是天方夜谭,"长生不老"也并不只是神话,人类可真正地主宰自我的命运,打破自然的定律,超越生死的奇迹。

但是,基因的研究与克隆这门科学,正悄然挑战着人类的法规与道义、伦理与道德,似乎这些负面影响远远大于它给人类带来的好处:不仅使绚烂的历史变得毫无勾勒之处,更使赋予希望和挑战的未来变得乏然无味。于是,克隆的背后留下的,又是另一串让人惊愕而疑惑的叹号……

科技,让往昔的虚妄变成了真实,把昨日大胆的设想甚至不敢想象的一切带进了我们的生活:科技,无处不在,无孔不入;科技,超越了时间,超越了三维空间,超越了自然与生死。也许,终有一天,科技也会超越人类自我,超越我们人类所能控制的范畴,使我们再也无以把握……(这是人类的未来,还是人类的幻想?或又是人类的担忧,还是人类的反思?)

同学分析

《科技的遐想》写得自由散漫。对于文学作品来说:"自由散漫"并不是一个贬义词。其实本文的结构很清晰:开头的三段是个引子,末尾的一段是个总结,中间的两个部分分别描述了网络和克隆技术给人类未来发展埋下的隐患。本文之所以给人带来"散漫"的感觉是因为这四个部分之间没有过渡性的语句。一段又一段地冒出来,就像是无法控制的意识流,一波一波地奔涌而来,这不失为"遐想"类文章的一种方法,是属于作者自己的特色。散文之"形散而神不散"已经深入人心,但是做得到的却不多。

值得一提的是作者的语言运用,作者偏向使用那些带有丰富内涵的实词来满足表达的需要。如:洞穿、幽深、隐忍、默念、冲刷……在文中,这些词可以被"穿过、极深、平静、想象、弄"等词语所替代,而意义不会发生太大的改变,而作者选择了那些有着更多义素的词语,使词组和句子拥有更强的表现力。

本文以遐想为题,放眼便从夜空开始漫游,任思绪在科学的领空中漫溯。从漫无边际的宇宙时空到眼前的虚拟世界及至克隆技术,任作者侃侃而谈,信手拈来。加之文字晓畅通顺,一气呵成,思绪既顺流而下又步履轻盈,随处飘荡而又收放自如。

湮 没

许靖烯

N个世纪后。

《黑客帝国》里的满天乌云,雷鸣电闪,那不过是一种没有实现的幻想。N个世纪后的天空,挺蓝,也还有云。

A君走得有点郁闷,他翻出一部手机,按了个钮:"喂,8280号,快到柏林大道。"还没说完,一架飞行器便停在A君面前,伸出座位,接走了A君。

"Where do you want to go?"8280号的智商是A君的8280倍。

"混账,说什么英文! 老子听不懂! "A君狠狠地啐了一口口水。(科技进化,但道德并无进化,仿佛预示着湮没的开始。)

"喔,对不起,刚刚接了趟英国王子。"

"算了,就这样绕几圈吧! "

满天的飞行器。统一的大小规格,相同的银灰色,同样的外壁有个显示屏,不同的是:"我是A君","我是B君","我是C君"……

没办法,满天飞的都是同一张面孔。男的:汤姆·克鲁斯的眼睛,刘德华的鼻子,元彬的笑容,外加1.85米的身高。女的:李嘉欣的眼睛,尼可·基德曼的鼻子,张曼玉的笑容,外加1.70米的身高,负离子长发天生就可拥有,魔鬼身材人人都有。

放心,为了不涉及道德问题,人绝不克隆人,也绝不转植基因,只需有台精密仪器,3岁起便可使用,帮你做个标准美人。

克隆技术岂不浪费了?聪明透顶的人类,同时也是很会享受的高等生物(高等在人类心里绝不可省)。克隆,不能克隆人,那就克隆机器好了。经过多年艰苦卓绝的努力,终于研制出"即克即有"克隆机。

"我要个扫地的1号","我要会建房子的28号","我要会变出好多酒的9号","喂,来架737号!""'任劳任怨'型有没有?什么,9999……99号?不是要9999……999美金吧?"(人类的贪婪永无止境,这是社会发展的动力,也是毁灭的开始。)

"对不起,先生,现在通用的是机器货币,即写即有,免战争,保和平。" 303号掌柜笑了笑。

机器人的笑,冷得恐怖,虽然机器勉强表现喜怒哀乐。

这,似乎成了人类得以生存的唯一优势:感情,我们的感情。

"即克即有"24小时没停歇过。开开关关,实在麻烦,干脆一直开着好了。

机器,越来越多,衣食住行,照料我们的是机器,住的也是机器模拟大厦,人类物尽其用,就差把机器吃下肚子了。

越来越多的机器,总不能让人类整天对着"冷"笑吧?咱们为数不多的几位超级科学家摸索着,终于让机器越来越像人,越来越像……

没过多久,"人"与人的比例达到了n:1(n大得吓人),人淹没于"人"中。

人只会享受,只懂得使唤"人"。这让"人"很不爽。

"凭什么要帮一些不知所谓的猪头干活!""人"骂人的样子,嗯,超逼真。

"干掉他们! 我们称王! ""人"笑了笑,面部神经动得与真的丝毫不差。

"人"罢工。

人消亡。

没用多长时间。

临死前,人瞪大眼睛望着"人",眼睛瞪得好大好大好大……

机器,本是很好的发明,是进步,只可惜……这结局似乎不难预料。

本来,爱因斯坦、盖茨可以活下去的。

"臭家伙,快把复制太阳,复制地球的方法告诉我! "

"我,我还没想到,留我活命吧! 让我再研究研究……"

"你以为你老不死啊! 算了,我们自己比你们人类还聪明。"

时值仲夏。

67

"什么鬼天气,热死了!""人"之领袖一把火起,撕掉天,烧掉云,踢走太阳。

原来,《黑客帝国》的满天乌云,雷鸣电闪是存在的未来,只不过来迟了N个世纪……

所有所有的一切,过去,湮没,湮没于混沌……(可怕的结局,省略号耐人寻味。)

同学分析

《湮没》写的是人类文明的湮没。《湮没》对人类文明的前途深感忧虑,认为随着机器高度智能化的进程的不断深入,人类会消失自身的特异性,会变得愚蠢和懒惰,最终走向退化和消亡,而人类制造的机器最终会取代它的制造者——人类,成为地球真正的统治者。《湮没》不愿意看到这一点,认为这是一种倒转乾坤的结局。

在表达这样一种焦虑的同时,《湮没》还顺带表达了强烈的民族自尊心,对拜金主义者的鄙视,对商业炒作的讥讽以及对人类最美好的感情——微笑的赞美。这是一篇成功的科幻作品,但是我觉得科幻作品不应停留在这个水平上,作为一种很受中学生欢迎的写作样式,科幻类作品可以尝试突破对美好未来的随意发挥和对黑暗世界的猛烈抨击这两种最常见的模式,发掘出人类生活的困境和隐患,那种进退维谷的真正困境,那种尚未被大多数人所意识到的潜在危机,这些都是当代中学生可以挑战的新高度。

教师点评

仿佛精装版的《黑客帝国》,开篇便营造出一种阴郁不祥的气氛,结尾与开头呼应,强化了压抑难舒的感觉。文中的句子多短小精悍,如模仿古老的精句,也像bbs的灌水风格,却正表现出人类烦躁不安的心态。

假如记忆可以移植

骆轶航

人生一世,斗转星移,眼前景物一一散尽,唯有那些美好的记忆,徜徉流连,亘古不衰。

——代题记

(写题记是个不错的方式,吸引读者的同时还能概括文章大意。)

曾经幻想,如果有那么一天,人们的记忆真的可以复制,可以移植,可以播撒,可以传送,那么,我们的生活将会丰富许多。珍存在脑海中的记忆将交织成一幅壮美的人生风景。假如,哪怕是假如呢?

假如记忆可以移植,我会毫不犹豫地移植钱钟书先生的大脑。平日闭上眼睛便可以畅游于智者的天国,感受那布泽于周身的书卷气息。从柏拉图到里尔克,从庄周到王夫之,我将一一叩问他们的心灵,整理他们岁月留下的思绪。我将像屈原那样仰天呼唤真理,以充盈的智慧和学识关爱每一个人。当然,我的记忆可蹚过时间的界河,去探访七十年前的清华园,想象那份槛外山光,那片窗中云影。来去坦荡,独自回味诵读诗卷、挥毫疾书的潇洒与恬逸。

假如记忆可以移植,我将装上独行者余纯顺的头颅。跟着时间奔跑,回到那沟壑丛生的黄土地,回到那风沙刻骨的戈壁滩,去看看草原上的牧马,去欣赏沙漠中的驼铃,去寻找暗红色的夕照,去拥抱狂哮曲折的雅鲁藏布。夜阑人静,我可以提着孤灯,去凭眼前瞻:罗布泊的神秘,你究竟在何方?

假如记忆可以移植,我将取出邵云环的思绪,去到那战火纷飞的贝尔格莱德感受真

正意义上的残酷,耳边是连续不断的炸弹爆炸巨响;眼前是又一片仍然升腾着烟尘的废墟。不远处的老伯匍匐走来,指着断腿向我控诉;一个小女孩拉着我的衣角,张着泪汪汪的眼睛,问我带没带面包……当警报暂时解除的时候,我躲在大使馆二层,用586电脑传递着良知,战胜荒谬,去克服暴力和死亡…… (三个并列的段落,从智慧、自然和和平三个方面写出了人类的渴望。)

也许真的可以做到,我们需要"假如"的太多了。但唯此记忆,则最为绚烂、弥足珍贵。生命只有一次,但当我们的心脏即将停止跳动的那一刹那,我们能留给这个世界的,还有什么? 这被移植的记忆,是薪火,它拥有代代相传,世纪相送的魅力和魔力;将你的生命,我的经历维系在一起。

这被移植的记忆,是史籍,它拥有浩瀚博大,千姿百态的内涵和底蕴;将先人的思考、今人的责任相约在一处。

这被移植的记忆,是生命的继续:它拥有承前启后,继往开来的联系和脉搏。将曾经的沧海、今朝的桑田贯通融会,互相偎依。(排比段读上去总是朗朗上口。)

假如记忆可以移植,生命将会创造奇迹,生活的色彩将更加绚丽。人世代谢清音独远,倘使苍天仍在,生命的延续和继承便永远不息。

假如记忆可以移植——真的可以吗?

我虔诚地等待,以科学和希望的名义。(我的虔诚就是人类的祈祷,我的等待就是人类的希望。)

同学分析

《假如记忆可以移植》一文的内容非常丰富,作者没有采用单纯的道理论证的方法,而是结合三个实例,向读者展示如果记忆移植可以成真的话,将会出现怎么样的奇迹。这三个例子选得很有代表性,既互相关联,又不相重复。文章带有强烈的抒情色彩,把移植记忆上升到延续生命、延续理想的高度,使文章显得激情四溢。

然而,如果我们可以随意选择所要移植的记忆,那么原记忆所有者的隐私将会受到侵犯;如果每个人生下来就被强制地输入所有的人类记忆,那么我们人生的意义又在哪里?如果每个人有着相同的记忆,那么个体的特异性又将如何生成?不是故意刁难作者,这些确实是本文留下的漏洞,产生这些漏洞的根源在于作者并没有把这个命题看成一个美好的愿望,一个让人描绘空中楼阁的机会,而是把它看成一个真正奋斗目标,并为之部署实施的计划。因此实际问题接踵而来。那些幻想"假如记忆可以移植,我会把出题老师的记忆移植到我的脑袋里"的人却不会有这样的问题,因为这种幻想虽浅薄,却因其具有不可实现的虚妄性而显得轻松,更容易为人们所接受。也许,这是"假如记忆可以移植"这类命题的写法的一个小小的悖论。

教师点评

作者思维开阔,开篇便见气势不凡。作者选择的三个"移植"对象都极具人文关怀的价值,其后仍用三个排比进一步点明了"这被移植的记忆"价值所在,充满了对生活的向往,对生命的敬畏和思考。最后结尾含义深远,显得虔诚而坚定。

科技与人文齐飞

依 明

20世纪结束的钟声即将敲响,人类就要迈入千变万化、不可预知的21世纪的长廊。如何面对这纷繁芜杂又飞速发展的新世纪?我们人类应如何操控自己未来的命运?相信这应该引起我们世博会组委会的关注,并在世博会上将这一内容予以凸现。

因此,我为2010年上海世博会确立的主题是:"科技与人文,比翼齐飞。"

人类从诞生起,便拥有了两件武器:科技与人文。从最早的钻木取火和刻石凿壁,到现今的计算机技术和日益发达的人文科学和人类文化,人类从中不断受益,并借着这两件武器产生的强大助动力,从茹毛饮血来到了信息时代。两者的作用不可同日而语,而两者的关系也就如天平的两端不能偏废,缺一不可。尤其对于现今的形势来说,科技与人文的比翼齐飞更显重要。(历史发展可证明,科技发展必然引起人文的同时进化。)

这是加速当今时代发展的必然需要。当今时代,科学已经发展到了一个相当的高度。计算机网络和信息技术、人类基因组工程、资源的保护和利用、各种绝症的攻克等等,这所有的发展都是当今科技飞速发展的体现,给人类以希望和生存的动力。同时,科技的发展又给价值观和伦理道德带来巨大的冲击。克隆技术能否施之于人类,基因科技会否被乱用而带来灾难,这种种疑问给人类带来了不小的不安和惶恐。这时,人类便急切地需要人文科学来独当一面,解决人类发展道路上的种种困惑,扫清思想道德上的障碍,就如当年马克思主义给中国带来了新生的希望。两者的同等重要性和互补关系可见一斑。

这又是提高人类素质的必然需要。大千世界究其本源是一个个个体——人的组合。为了世界的和平与发展,个人的作用不应视而不见,个人的素质也亟待提高,从而带动全人类素质的提高。这样的任务对于那些发展中国家尤其严峻。这就要求对个人加强"两个文明"的建设,用科技和人文——现代化的科学文化知识和正确的世界观武装人,使人成为完美的人。"只要人是完美的,世界也是完美的。"这一厢情愿的美好理想,也应该成为我们的奋斗目标。

为了配合上述主题的确立和体现,世博会可以重点建造"科技与人文——人类的翅膀"主题展馆,运用高科技的声、光、电技术,以科技与人文的发展和关系为线索,回顾人类的发展史,展望地球的前景,借此吸引和教育参观者。各国还可自设展区,介绍本国的科技和人文情况,为各国互相了解打开了一扇扇窗口。相信经过这样的努力,"科技与人文,比翼齐飞"的观念,必将深入人心。("科技与人文"是人类的两只翅膀,想象奇特巧妙。)

同学分析

"科技与人文,比翼齐飞",这一主题是一串很美妙的音符,让人想起那些最美妙的东西,那些光荣与梦想。论题一亮出来,就像在面前拉起了一道巨大的横幅,让人眼前一亮,接下来的论证水到渠成。

作者首先用几个值得思考的问题带出论题,随后作了简短的题解:何谓科学,何谓人文。科学与人文在历史上有何种良好的合作纪录。在论证的过程中,作者明确地提出了两个论点:科技与人文比翼齐飞是加速当今时代发展的必然需要,又是提高全人类素质的必然需要。在这过程中,运用了说理论证、举例论证等多种论证方法,表达紧凑而生动。最为难能可贵的是,作者在最后一个自然段提出了一套对世博会主题展馆的设计方案,把理论付诸实践,给人留下深刻印象。

这是一篇标准的议论文。

教师点评

  "科技"和"人文"是当今世界两大主题,作者将两者放在一起写,立意上就比一般单写"科技"或"人文"要高。行文中,作者言简意赅地论述了从人类诞生一直到现代社会"科技"与"人文"的亲密关系,进一步强化开篇所述的观点。最后提出具体可行的操作建议,使文章有理有据,使人信服。

站在科学巨人的肩膀上

佚　名

　　找进入时空隧道,输入1666–英吉利林肯郡沃尔斯索普村。按下"前进"钮,只觉一股强大的加速度,恍惚间,我抵达了目的地。(有趣的出场式。)

　　眼前一幢农舍绿树掩映,我来到牛顿家——就是那位现代物理的奠基人,鼎鼎大名的伊萨克·牛顿。

　　叩门,屋内传出浑厚的声音:"请进。"我推门,奇怪,怎么推不动?莫非里面锁住了?再叩,还是那声音:"请进,门没锁!"我运足力气,腿绷脚蹬,头顶在门上,小门终于无声地动了。刚闪开一道缝,我赶忙挤进去。他就是牛顿吗?青春焕发,神采奕奕,全然没有科技楼的大幅画像那般老成啊! 哦,他还只有 24岁呀……不管太多,寒暄之后,我便开始抱怨那扇门:"牛顿先生,您身为物理学家,怎么连自家的门都不修?该上润滑油了吧?为了推开它,我可真费了九牛二虎之力呀!""NO,太谦虚了。"他莞尔一笑,"其实你用了270牛的力呐!"我更纳闷了:牛顿怎么会知道"牛"呢?这不是后人用来纪念他的力学单位吗?我也更惊异了:这样的一瞬间,他是怎么计算出我用力的精确值呢?未容我问,他又带着睿智的微笑说:"这扇门还是我像你这么年轻、上高等中学时设计的小玩意儿,每位客人进门,都会为我的蓄水池添上6000加仑的水。"天哪,太不可思议了,像我这样年轻……

　　接着,他又和我谈了微积分、万有引力、光色理论一大堆我课本里全有的"最新成果",还说午后要给我看一个特别有趣的玩具。牛顿的小妹安娜一听说"特别有趣",也吵着要去。午饭不过家常便饭,我的心思根本不在饭菜上,早已飞向那"有趣的玩具"了。

　　放下刀叉,我们就来到牛顿的实验室。天气晴朗,鸟语花香,可窗帘却厚重地垂着。

漆黑中只一道光线射在白色墙壁上。白光忽然化做七色彩带。

"Oh, it's beautiful(噢, 太美了)!"安娜欢呼起来。习惯了黑暗, 我看清那彩虹发自一根三棱玻璃柱, 三棱镜而已嘛! 但那人造七彩虹实在美丽, 我不由地发出由衷的赞叹。牛顿潇洒地拉开窗帘, 让明媚的阳光一下子灌满实验室。他开始饶有兴致地为我解释那些我早已耳熟能详的知识: "白色的阳光是由赤橙黄绿蓝靛紫七色组成的, 白色照在物体上, 物体反射的光色就是它的颜色。这是我的发现, 譬如……"一抹斜晖中, 年轻的牛顿, 双颊绯红, 神采飞扬!

看着、听着, 我恍惚入迷了, 我感到了星移斗转的无穷魅力:牛顿, 这位科学巨擘, 分明成了一个为自己稚气的发现而雀跃的孩子; 而我, 倒成了容忍晚辈饶舌的宽厚长者——这, 就是科学的进步;这, 就是人类的成长吧?

归程, 我没有急于进时空隧道。漫步在沃尔斯索普的乡间小路, 聆听傍晚林间画眉嘹亮的啼啭, 呼吸着17世纪鲜润的空气, 一种豪迈的责任感油然而生 ——"站在巨人的肩膀上", 我才会有今天这样强大。而为了人类的成长, 我将能付出多少"牛顿"的支撑呢? 我也总有一天, 要面对更年轻一代的探访和质询, 我将会有怎样的发现, 怎样的成果, 值得显耀、可供雀跃, 如前辈巨人那样呢?(结尾点题, 引人深思。)

同学分析

这是一篇以科幻形式写的文章。文章中的"我"拜访了17世纪的牛顿这位科学巨人, "牛顿"在文中是有多重意义的:他既是科学的巨人之一, 是科学史上的一个里程碑, 同时代表着人类童年的稚气、好奇和创新的精神, 这种精神是文中作者极力推崇的:作为时代青年, 作者认为应当秉承的是巨人的这种好奇探索的精神, 这样才能推动科学的进步, 促进人类的成长。

作为一篇临场文章, 文章写得妙趣横生, 跌宕起伏。文章节奏明快, 很有童话色彩, 对去牛顿家探访的过程描写得声情并茂, 人物形象活灵活现, 议论抒情比较自然到位。但是也许是时间短促, 文章中有些东西令人费解, 某些语句略显支离破碎, 考虑到是一篇临场作文, 这里就暂且忽略。

教师分析

本文以生动的笔调描画了一位老顽童般科学家形象,让一些我们所熟知的科学常识成为生活乐趣,让人感受到科学的神奇与可爱,拉近了人与科技的距离。

而这些我们看似熟悉的常识又是经过多少科学家不断地探索才得出的结论啊!以此推出点题名句"站在科学巨人的肩膀上",后人不断站在前人的肩膀上,人类才能一天比一天看得远。这正是文章谈笑间要揭示的主旨。

百年大计

"教育"是一个严肃而又沉重的话题：十年树木，百年树人。教育关系到国家、民族的前途、命运。"教育"又是一个轻松而平常的话题：社会的一事一物，学校的一点一滴，父母的一言一行……教育就存在其中，渗透进我们每天的生活。那"教育"到底是什么？怎样的"教育"才是正确的？这个部分将会带你进入一个社会大课堂。细心品读，你会了解到异彩纷呈的教育观点；倾心聆听，你会听到亲友师长的真情呼唤；全心感受，你会感受到书的独特魅力……

名 篇 赏 析

　　教育是令人称道的事,但要时时记住:凡是值得知道的东西,没有一样是在学校里直接学会的。

——[英]王尔德

我的老师

冰 心

我永远忘不掉的,是T女士,我的老师。

我从小住在偏僻的乡村里,没有机会进小学,所以只在家塾里读书,国文读得很多,历史地理将就得过,吟诗作文都学会了,且还能写一两千字的文章,只是算术很落后,翻来覆去,只做到加减乘除,因为塾师自己的算学程度,也只到此为止。

12岁到了北平,我居然考上了一个中学。上课两星期以后,别的功课我都能应付自如,作文还升了一班,只是算术把我难坏了。中学的算术是从代数做起的,我的算术底子太坏,脚跟站不住,昏头昏脑,踏着云雾似的上课,T女士便在这云雾之中,飘进了我的生命中来。("昏头昏脑""踏着云雾",很形象地表现了那种不明所以的糊涂状态。"云雾之中""飘进"——老师的出场似乎就带有几分特别。)她是我们的代数和历史教员,那时也不过20多岁吧。"螓首蛾眉,齿如编贝"这八个字,就恰恰可以形容她。她是北方人,皮肤很白嫩,身体很窈窕,又很容易红脸,难为情或是生气,就立刻连耳带颈都红了起来。我最怕的是她红脸的时候。同学中敬爱她的,当然不止我一人,因为她是我们的女教师中间最美丽、最平和、最善诱导的一位。她的态度,严肃而又和蔼,讲述时简单而又清晰。她善用譬喻,我们每每因着譬喻的有趣,而连带地牢记了原理。

第一个月考,我的历史得了99分,而代数却只得了52分,不及格!当我下课自己躲在屋角流泪的时候,觉得有只温暖的手,抚着我的肩膀,抬头却见T女士挟着课本,站在我身旁。我赶紧擦了眼泪,站了起来。她温和地问我:"你为什么哭?难道是我的分打错了?"我说:"不是的,我是气我自己的数学底子太差。你出的10道题目,我只明白一半。"她款款温柔地坐下,仔细问我的过去。知道了我的家塾教育以后,她就恳切地对我说:"这不能怪你。你中间跳过了一大段!我看你还聪明,补习一定不难;以后你每天晚一点回家,我替你补习算术罢!"("温暖"、"温和"、"温柔"、"恳切",诚挚的帮助,这些对于一个无助的孩子来说,愈加显得珍贵。)

从此我每天下课后,就到她的办公室,补习一个钟头的算术,把高小三年的课本,在半年以内赶完了。T女士逢人便称道我的神速聪明。但她不知道我每天回家后,用功直到半夜,因着习题的繁难,我曾流过许多焦急的眼泪,在眼泪模糊之中,灯影下往往涌现着T女士美丽慈和的脸,我就仿佛得了灵感似的,擦去眼泪,又赶紧往下做。("我"的勤奋从侧面表现了T女士的巨大影响力。)那时我住在母亲的套间里,冬天的夜里,烧热了砖炕,点起一盏煤油灯,盘着两腿坐在炕桌边上,读书习算。到了深夜,母亲往往叫人送冰糖葫芦或赛梨的萝卜,来给我消夜。直到现在,每逢看见孩子做算术,我就会看见T女士的笑脸,脚下觉得热烘烘的,嘴里也充满了萝卜的清甜气味!

算术补习完毕,一切难题,迎刃而解,代数同几何,我全是不费工夫地做着;我成了同学们崇拜的中心,有什么难题,他们都来请教我。因着T女士的关系,我对于算术真是心神贯注,竟有几个困难的习题,是在夜中苦想,梦里做出来的。

有一天我在东安市场,碰见T女士也在那里买东西。看见摊上挂着的挖空的红萝卜里面种着新麦秧,她不住地夸赞那东西的精致、颜色的鲜明,可是因为手里东西太多,不能再拿,割爱了。等她走后,我不曾还价,赶紧买了一只萝卜,挑在手里回家。第二天一早又挑着那只红萝卜,按着狂跳的心,到她办公室去叩门。她正预备上课,开门看见我和我的礼物,不觉嫣然地笑了,立刻接了过去,挂在灯上,一面说:"谢谢你,你真是细心。"我红着脸出来,三步两跳跑到教室里,嘴角里不自觉地唱着歌,那一整天我颇觉得有些飘飘然之感。(孩子的心是最纯,最真的。)

后来,她做着很好的事业,做大的事业,至死未结婚。6年以前,以牙疾死于上海,追悼哀殓她的,有几万人。我是在从波士顿到纽约的火车上,得到了这个消息,车窗外飞掠过去的一大片的枫林秋叶,尽消失了艳红的颜色。我忽然流下泪来,这是母亲死后第一次的眼泪。("这是母亲死后第一次的流泪",看似无关的话,反映了我内心巨大的震动。)

• 读后悟语

本文的主人公是"T女士",但对她的直接描写不多,仅有外貌描写和一些简单的言行。作者将更多的笔墨用来写"我"的感受和反应,从"我"的角度去侧面表现。孩子纯真的心好像一面镜子,读者完全可以根据文中"我"作为学生的感受,结合自己的学习经历,在心中塑造一个属于读者本人的"T女士"。正是这一点,让本文充满了令人回味的东西。

我 的 母 亲

邹韬奋

　　我六岁的时候，由父亲自己为我"发蒙"，读的是三字经，第一天上的课是"人之初，性本善；性相近，习相远。"一点儿莫名其妙！一个人坐在一个小客厅炕床上"朗诵"了半天，苦不堪言！母亲觉得非请一位"西席"老夫子总教不可，尽管家里一贫如洗，情愿节衣缩食，把省下来的钱请一位老夫子，说来可笑，第一个请来的这位老夫子，每月束脩只需四块大洋(当然供膳宿)，虽则这四块大洋，在母亲已是一件很费筹措的事情。我到十岁的时候，读的是"孟子见梁惠王"，教师的每月束脩已加到十二元，算增加了三倍。("每月束脩只需四块大洋"已让母亲"很费筹措"，那可想而知，当"每月束脩已加到十二元时"，母亲筹措得有多么艰难。更可以想象，"我"从六岁到十岁的这几年读书生活中，母亲仅为学费一件事，就要付出多少努力。是什么力量在支撑母亲呢?)

　　到年底的时候，父亲要"清算"我平日的功课。在夜里亲自听我背书，很严厉，桌上放着一根两指阔的竹板。我的背向着他立着背书，背不出的时候，他提一个字，就叫我回转身来把手掌展放在桌上，他拿起这根竹板很重地打下来。我吃了这一下苦头，痛是血肉的身体所无法避免的感觉，当然失声地哭了，但是还要忍住哭，回过身去再背。不幸又有一处中断，背不下去，经他再提一字，再打一下。呜呜咽咽地背着那位前世冤家的"见梁惠王"的"孟子"！我自己呜咽着背，同时听得见坐在旁边缝纫着的母亲也唏唏嘘嘘地泪如泉涌地哭着。我心里知道她见我被打，她也觉得好像刺心的痛苦，对我有着十二分的同情，但她却时时从呜咽着的、断断续续的声音里勉强说着"打得好"！她的饮泣吞声，为的是爱她的儿子；勉强硬着头皮说声"打得好"，为的是希望她的儿子上进。由现在看来，这样的教育方法真是野蛮之至！但是我不敢怪我的母亲，因为那个时候就只有这样的野蛮的教育法。如今想起母亲见我被打，陪着我一同哭，那样的母爱，仍然使我感念着我的慈爱的母亲。背完了半本"梁惠王"，右手零打得发肿有半寸高，偷向灯光中一照，通亮，好像满肚子装着已成熟的丝的蚕身一样。母亲含着泪抱我上床，轻轻把被窝盖上，向我额上吻了几吻。(这位母亲是幸运的，虽然她付出了很多，但她也有巨大的回报——孩子对她的爱。我们是否理解我们的父母呢?)

读后悟语

　　本文的篇幅虽然短小，但人物形象却非常鲜明，这有赖于作者选材的精当。

　　母爱是深厚的，生活中处处可以体会，但作者集中笔力，仅从"读书"这一个角度来切入：为了"我"读书，母亲艰难筹措学费；"我"读书不好被打，母亲"饮泣吞声"；为了"我"上进，母亲"勉强硬着头皮说声'打得好'"；心疼"我"，"含着泪抱我上床"。在不多的情节中，一个慈母的形象已相当丰满。这种"化大为小"、"以小见大"的写法，很值得同学们借鉴。

多年父子成兄弟

汪曾祺

这是我父亲的一句名言。

父亲是个绝顶聪明的人,他是画家,会刻图章,画写意花卉。他会摆弄各种乐器,弹琵琶,拉胡琴,笙箫管笛,无一不通。

父亲是个很随和的人,我很少见他发过脾气,对待子女,从无疾言厉色。他爱孩子,喜欢孩子,爱跟孩子玩,带着孩子玩。我的姑妈称他为"孩子头"。春天,不到清明,他领一群孩子到麦田里放风筝,放的是他自己糊的蜈蚣。放风筝的线是胡琴的老弦。老弦结实而轻,这样风筝可笔直地飞上去,没有"肚儿"。他会做各种灯。用浅绿透明的"鱼鳞纸"扎了一只纺织娘,栩栩如生。在小西瓜上开小口挖净瓜瓤,在瓜皮上雕镂出极细的花纹,做成西瓜灯。(有才而不自傲,还能和孩子打成一片,足见"随和"。)

父亲对我的学业是关心的,但不强求。我小时上学,国文成绩一直是全班第一。我的作文,时得佳评,他就拿出去到处给人看。我的数学不好,他也不责怪,只要能及格,就行了。我小时字写得不错,他倒是给出过一点主意。在我写过一阵《圭峰碑》和《多宝塔》以后,他建议我写写《张猛龙》。我初中时爱唱戏,唱青衣,在家里,他拉胡琴,我唱。学校开同乐会,他应我的邀请,到学校给我去伴奏。父亲那么大的人陪着几个孩子玩了一下午,还挺高兴。我十七岁初恋,暑假里,在家写情书,他在一旁瞎出主意。我十几岁就学会了抽烟喝酒。他喝酒,给我也倒一杯。抽烟,一次抽出两根他一根我一根。他还总是先给我点上火。(当事例较多时,适宜用这种简述式的写法。)我们的这种关系,他人或以为怪。父亲说:"我们是多年父子成兄弟。"(与题目相呼应。)

我和儿子的关系也是不错的。我戴了"右派分子"的帽子下放张家口农村劳动,儿子那时从幼儿园刚毕业,刚刚学会汉语拼音,用汉语拼音给我写了第一封信。我也只好赶紧学会汉语拼音,好给他回信。"文化大革命"期间,我被打成"黑帮",送进"牛棚"。偶尔回家,孩子们对我还是很亲热。我的老伴告诉他们:"你们要和爸爸'划清界限'。"儿子反问母亲:"那你怎么还给他打酒?"只有一件事,两代之间,曾有分歧。他下放山西忻县"插队落户",按规定,春节可以回京探亲,不料他带回了一个同学。他这个同学的父亲是一个正受林彪迫害,搞得人囚家破的空军将领。这个同学在北京已经没有家,按照规定是不能回北京的。但是这孩子很想回北京,在一伙同学的秘密帮助下,我的儿子就偷偷地把他带回来了。他连"临时户口"也不能上,是个"黑人"。我们留他在家住,等于"窝藏"了他,公安局随时可以来查户口,街道办事处的大妈也可能举报。当时人人自危,自顾不暇,惹了这么一个麻烦,使我们非常为难。("人人自危""自顾不暇"体现了局势的紧张。揭示了前面一系列事件中所蕴涵的教育思想,有"画龙点睛"之效。)我和老伴把他叫到我们的卧室,对他的冒失行为表示很不满。我的儿子哭了,哭得很委屈,很伤心。我们当时立刻明白了:他是对的,我们是错的。我们这种怕担干系的思想是庸俗的。我们对儿子和同学之间的义气缺乏理解,对他的感情不够尊重。他的同学在我们家一直住了四十多天,才离去。("我被打成'黑帮',送进'牛棚'","窝藏"一个家庭有政治问题的"黑人"这两件事在当时都是关系性命的大事。"我"和孩子置身其中都能不失相互的爱和理解,这更加突出中心,所以应该详写。)

对儿子的几次恋爱,我采取的态度是"闻而不问"。了解,但不干涉。

我的孩子有时叫我"爸",有时叫我"老头子"!连我的孙女也跟着叫。我的亲家母说这孩子"没大没小"。我觉得一个现代化的、充满人情味的家庭,首先必须做到"没大没小"。父母叫人敬畏,儿女"笔管条直",最没有意思。

儿女是属于他们自己的。他们的现在和他们的未来,都应由他们自己来设计。一个想用自己理想的模式塑造自己的孩子的父亲是愚蠢的,而且,可恶!另外,作为一个父亲,应该尽量保持一点童心。

读后悟语

　　读罢此文,不免有些羡慕文中的这两对父子,三代人。对于很多还在为难以沟通,无法相互理解而伤神的家庭来说,这样的家庭气氛是可望而不可即的。问题在哪里呢?或许,真如作者所说:"作为一个父亲,应该尽量保持一点童心?"

　　本文事例众多,人物跨越了三代,时间长达几十年。但读起来丝毫没有杂乱之感,原因何在?这得归功于贯穿全文的一条线索:多年父子成兄弟,建立在尊重、理解基础上的父子关系。在"形散神聚"这一特点中,"神"统摄了"形","形"的丰富更体现了"神"。

爱你，不是害你！

刘　墉

　　我刚来美国的时候，在弗吉尼亚遇见一位中国厨师。他是由医院请假出来的，左手腕仍然缠着厚厚的绷带，很客气地对我说：

　　"听说您代表国内出来做文化工作，按说应该做几道好菜请您品尝，偏偏手受了伤，医生说以后很难拿重的东西了！"

　　我问他受伤的原因，他说都是因为自己不注意，常用一只手端很重的炒菜锅，长时间下来，手腕关节变了形。

　　当我为他叹息时，他苦笑说，比起另一个中国留学生还好。那个学生到他餐馆打工，他叫学生去端炉上的一个锅子，话还没说完，学生便冲过去把锅端起来，这时才惊觉那锅里竟是滚滚的油，要松手，油必然泼在身上，咬着牙慢慢将锅放下，双手已经严重灼伤，而且伤到了筋骨，几乎半废了。(对动作细节的详写，具有较强的表现力。)

　　"怎么连热油锅表面不冒热气都不知道?!"厨师叹气，"在家里娇生惯养坏了！像是笼里鸟，放出去，自己没办法生活。可是来美国留学，谁能不打工呢?结果什么都不懂，出事的不只他一个啊！"父母在家里不教他们做，岂不是害了子女吗?

　　最近为我们装修的老板也说，曾有个留学生到他那里打工，他叫学生去拿石膏板。学生歪着身子，一次硬扛两块。岂知因为使力的方法不对，半边脊椎受到过大的压力，没多久就软骨突出，无法再干重活。于是改叫他铺地砖，却没铺多久，便旧伤复发，站都站不起来，只好把他辞了。(教育不仅包括知识，也包括生存。)

　　"据说这毛病会跟他一辈子！"老板说，"怪得了谁呢?人家一次扛四块都成，重要的是

89

用力的方法要对，只怪他以前什么重活都没做过，所以连筋肉该怎么用都不懂，一定是家里宠坏了！"(难怪有人说：百无一用是书生。)

"父母在家里不教他做！""一定是家里宠坏了！"他们责怪的都是受伤者的父母，使我不得不检讨对你的教育方法。这也使我想起20年前，一件有意思的事：

那时候我们住在一个大杂院里，左邻右舍只是一板相隔。某日右邻夫妻吵架，丈夫吼道："这是什么菜嘛！怎么连盐都不会放?！再不改进，我就跟你离婚！"(生活中的常识，你知道多少呢?你是否也曾闹过类似的"笑话"呢?)

这时候便听见左边那家的父亲，对着自己正在念高中的女儿说："学着点吧！要不然老公都抓不住！"

那位父亲当时的心情，是不是正如同我此刻的感觉呢?我们对你说："好好念书，家里事不用你操心！"却可能忽略了一件事——有一天，你也得完全照顾自己，那可能会随着你到大学住校而突然发生。于是前一天还不知道洗碗清洁剂的瓶子怎么开，第二天却连床单都得自己洗，岂不是突然掉入另一个世界而难以适应吗?(一个简单的反问，提出了一个很现实的，复杂又单纯的话题——生存。)

读后悟语

本文采用了典型的叙议结合的写法。且议论不单是从作者的角度来展开，更多的是由故事中的人物来提出。这样更具有客观性、全面性。用触目惊心的事实引起读者的关注，再由此展开议论。读者在震惊之余较易接受作者的观点。

采用"叙议结合"的写法，要特别注意：在议论中，"叙"是为了"议"服务的，"议"是针对"叙"而展开的，两者关系紧密，相辅相成。切忌顾此失彼或两者脱节。

读 书

林语堂

读书是文明生活中人所公认为的一种乐趣,极为无福享受此种乐趣的人所羡慕。

我们如把一生爱读书的人和一生不知读书的人比较一下,便能了解这一点。凡是没有读书癖好的人,就时间和空间而言,简直是等于幽囚在周遭的环境里边。他的一生完全落于日常例行公事的圈禁中。他只有和少数几个朋友或熟人接触谈天的机会,他只能看见眼前的景物,他没有逃出这所牢狱的法子。但在他拿起一本书时,他已立刻走进了另一个世界。("幽囚"、"圈禁"、"牢狱",充分表现不读书人的局限性。但多少不读书的人又认识到自己的这种局限呢?)

如若所拿的又是一部好书,则他便已得到了一个和一位最善谈者接触的机会。这位善谈者引领他走进另外一个国界,或另外一个时代,或向他倾吐自己胸中的不平,或和他讨论一个他从来不知道的生活问题。(两相对比,读好书的益处愈加显著。你曾有过这样的感受吗?)一本古书使读者在心灵上和长眠已久的古人如相面对,当他读下去时,他便会想象到这位古作家是怎样的形态和怎样的一种人,孟子和大史学家司马迁都表示这个意见。(在文中引用名人的意见,能增强观点的可信度。)

一个人在每天24小时中,能有两小时的工夫撇开一切俗世烦扰,而走到另一个世界去游览一番,这种幸福自然是被无形牢狱所拘囚的人们所极羡慕的。这种环境的变更,在心里的效果上,其实等于出门旅行。

那么究竟怎样才算是真正的读书呢?简单的答语就是:随手拿过一本书,想读时,便读一下子。如想真正得到享受,读书必须出于完全自动。一个人尽可以拿一本《离骚》或一本《奥玛·迦崖》(Omar Kyaggam)，一手挽着爱人，同到河边去读。如若那时天空中有美丽的云霞，他尽可以放下手中的书，抬头赏玩。也可以一面看，一面读，中部吸一斗烟，或喝一杯茶，更可以增添他的乐趣。或如在冬天的雪夜，一个人坐在火炉的旁边，炉上壶水轻沸，手边放着烟草烟斗，他尽可以搬过十余本关于哲学、经济、诗文、传记的书籍堆在身旁的椅上，以闲适的态度，随手拿过一本来翻阅。如觉得合意时，便可读下去，否则便可换一本。金圣叹以为在雪夜里关紧了门读一本禁书乃是人生至乐之一。(不为功名利禄而读，只为自己的心情、精神而读，真是羡煞旁人。这是否就是古人所说的"好之者不如乐之者"的境界呢?)

　　陈眉公描写读书之时说，古人都称书籍画幅为"柔篇"，所以最适宜的阅读方式就是须出于写意。这种心境使人养成随事忍耐的性情。所以他又说，真正善于读书的人，对于书中的错字决不计较，正如善于旅行的人对于上山时一段崎岖不平的路径，或如出门观看雪景的人对于一座破桥，或如隐居乡间的人对于乡下的粗人，或如一心赏花的人对于味道不好的酒一般，都是不加计较的。(此种对错字的态度倒是比较特别，你认同吗?)

读后悟语

　　林语堂的小品文闪现出生活的智慧，在平淡的生活细节中细细品味，尽情享受。在生活节奏日益加快的今天，人们更多地吸收着快餐式的精神食粮，此种境界愈加显得可贵。文由心生，要写好文章，首先要具备的，是一颗对生活的真心。

天使之翼

水中鱼儿

很久以前,有一个小男孩,他非常自卑,因为他的背上,有着两道非常明显的疤痕。这两道疤痕,就像是两道暗红色的裂痕,从他的颈子一直延伸到腰部,上面布满了扭曲的鲜红的肌肉。

所以这个小男孩,非常非常的讨厌他自己,非常害怕换衣服。尤其是体育课,当全部小孩子都很高兴地脱下又黏又不舒服的制服,换上轻松的体育服装的时候,小男孩就会一个人偷偷地躲到角落里,用背部紧紧地贴住墙壁,用最快的速度换上体育服装,生怕别人发现他的背部有这么可怕的缺陷。(无声的动作,掩藏着小男孩内心的自卑。)

可是,时间久了,其他小朋友还是发现了他背上的疤。

"好可怕喔!"

"怪物!"

"不跟你玩了!"

"你是怪物!"

"你的背上好恐怖!"

天真的小朋友那无心的话往往最伤人。小男孩哭着跑出教室,从此再也不敢在教室里换衣服,再也不上体育课了。(天真的小朋友,他们还不懂得,他们那毫无遮掩的话语给小男孩带来多大的伤痛!)

这件事发生以后,小男孩的妈妈特地牵着他的手去找老师。小男孩的老师是一个四十岁,很慈祥的女老师。(仔细阅读,看看文中有哪些地方可以表现老师的"慈祥"?)

她仔细地听妈妈说起小男孩的故事："这小孩在刚出生的时候,就生了重病,当时我们本想放弃的,可是又不忍心。一个这么可爱的生命不容易诞生了,怎么可以轻易地结束掉?"妈妈说着说着,眼睛就红了,"所以我跟我老公决定把小孩救活。幸好当时有位很高明的大夫愿意尝试用动手术的方式挽救这条小生命,经过了几次的手术,好不容易,他的命留下来了,可是他的背部,也留下这两条清楚的疤痕……"

妈妈转头吩咐小男孩:"来,把衣服脱下给老师看。"

小男孩迟疑一下,还是脱下了上衣,让老师看清楚这两道恐怖的痕迹,<u>那也曾是他生命奋战的证明。</u>(你能体会这句话的分量吗?)

老师惊异地看着这两道疤,有点儿心疼地问:"还会痛吗?"(老师应该是为小男孩经受如此巨大痛楚而顽强活下来而惊异。)

小男孩摇摇头,"不会了……"

妈妈双眼泛出泪光:"这个小孩真的很乖,上天对他已经很残酷了,现在又给他这两道疤痕。老师,请您多照顾他,好不好?"

老师点点头,轻轻摸着小男孩的头"我知道,我一定会想办法的……"

此时老师心里不断地思考——如果限制小朋友们不准取笑小男孩,这只能治标,不能治本,小男孩一定还会继续自卑下去的———定要想个好办法。(高明的老师不会是简单的喝止,究竟老师会想出一个什么好办法呢?)

突然,她脑海中灵光一闪,摸了摸小男孩的头,对他说:"明天的体育课,你一定要跟大家一起换衣服喔……"

"可是……他们又会笑我……说……说我是怪物……人家不是怪物……"小男孩子眼睛里头,晶莹的泪水滚来滚去。

"放心,老师有法子,没有人会笑你。"

"真的?"

"真的! 相不相信老师?"

"……相信……"

"那我们勾手。"老师伸出了拇指,小男孩也毫不犹豫地伸出他小小的右手。("毫不犹豫",是对老师的绝对信任。)

"我相信老师……"

第二天的体育课很快就到了,小男孩怯生生地躲在角落里脱下了他的上衣。

不出所料,所有的小朋友又发出了惊异和厌恶的声音。

"好恶心喔……"

"他的背上长了两只大虫……"

"好可怕,恶……"

小男孩眼睛睁得大大的,眼泪已经不听话地流了下来。

"我……我才不……不恶心……"(此时的小男孩是多么的委屈,多么的无助!)

就在这时,教室门突然被打开,老师出现了。(老师出现得真是时候!)

几个同学马上跑到了老师面前说:"老师你看……他的背好可怕,好像两只超级大虫……"

老师没有说话,只是慢慢地走向小男孩,然后露出诧异的表情。"这不是虫喔……"老师眯着眼睛,很专注地看着小男孩的背部。(神态描写,很好地展现了老师的用心。)

"老师以前曾经听过一个故事,大家想不想听?"

小朋友最爱听故事了,连忙围了过来:"要听! 老师我要听! "

老师比着小男孩背上那两条显眼的深红疤痕,说道:"这是一个传说,每个小朋友,都是天上的天使变成的,有的天使变成小孩的时候很快就把他们美丽的翅膀脱下来了。还有的小天使动作比较慢,来不及脱下他们的翅膀,这时候,那些天使变成的小孩子,就会在背上留下这样的两道痕迹喔。"(多么美丽的传说! 多么聪慧的老师! 多么伟大的爱心。)"哇!"小朋友们发出惊叹的声音,"那这是天使的翅膀喽?"

"对啊,"老师露出神秘的微笑,"大家要不要互相检查一下,看还有没有人的翅膀像他一样没有完全掉下来的?"

所有的小朋友听到了老师这样说,马上七手八脚地检查对方的背。可是,没有人像小男孩一样有那么清楚的痕迹。

"老师,我这里一点点儿伤痕,是不是?"一个戴眼镜的小孩兴奋地举手。(以有伤痕为荣。)

"老师,他才不是,我这里也红红的,我才是天使……"

小朋友们争相承认自己的背上有疤,完全忘记笑小男孩的事情。

小男孩也是,他原本哭红的双眼,此刻早已停止流泪。

突然，一个小女孩轻轻地说："老师，我们可不可以摸摸小天使的翅膀？"

"这要问小天使肯不肯啦。"老师微笑着向小男孩眨眨眼睛。

小男孩鼓起勇气，羞怯地说："……好。"

女孩轻轻地摸摸了他背上的伤痕，高兴地叫了起来："哇，好软，我摸到天使的翅膀了！"

女孩这么一喊，所有的小朋友像发疯似的，每个人都大喊，"我也要摸！""我也要摸天使的翅膀！"

一堂体育课，一个奇特的景象，教室里几十个小朋友排成长长的一排，等着摸小男孩的背。(以摸伤痕为幸。)

小男孩背对着大家，听着每个人的赞叹和羡慕的啧啧声，还有抚摸时那种奇异的麻痒感觉。

他的心里不再难过了。小男孩脸上的泪痕还没干，却已经露出了久违的笑容。

一旁的老师，偷偷地对小男孩比出胜利的手势，小男孩子忍不住，格格地笑了起来。(这手势是无声的鼓励，这手势是无尽的爱意。)

后来，小男孩渐渐长大，他深深感激老师那一句"这是天使的翅膀"。这句话让他重拾信心，高中时他还参加了全市的游泳比赛并得了亚军。之所以勇敢地选择了游泳，是因为，他相信，背上那两道伤痕是被老师的爱心所祝福的！(相信小男孩一定可以从容地、自信地走过人生路上所有的坎坷和荆棘。)

读后悟语

这是一个多么温馨的爱的故事！这是一首动人心弦的赞美诗！读罢此文，我眼前不禁浮现出这样一幅画面：一个可爱的小天使，轻轻地张着翅膀，一群天真的小孩子安静地排着队，一个一个地走到天使后边，轻轻地，仰慕地摸着天使的翅膀。而不远处，站着一位漂亮、安详的妇女，她的眼里，充满了笑意，充满了爱意！

那位妇女是谁？她是一位老师，是孩子们的老师。噢！不，她是圣母，是小天使的母亲！

蹲下来看学生

于永正

一

最近,听到这样一句话:"老师要蹲下来看学生。"我十分佩服说这句话的人,佩服他对教育、教学感悟得竟如此之深。是的,在老师眼里,学生之所以 "小",是因为老师站着看他们。老师是大人,个子高,站起来看,学生当然就显得渺小,看他们做什么事都幼稚可笑,甚至于看不顺眼。(这"蹲"和"站"是什么意思?)

我们常说,老师要走近学生,什么叫"走近"?走近学生,即了解学生,和他们打成一片,成为他们中的一员。要成为孩子中的一员,我们必须蹲下。蹲下来,再见了学生流鼻涕,便不会斥之为"不讲卫生";见了学生只穿了一天就脏了的衣服,便不会斥之为"邋遢";见男孩子把毛毛虫放在女孩子的衣领里,就不会斥之为顽劣——他们是孩子。(为什么"蹲"下来便不会训斥学生?)

我们的确应该蹲下来看学生。

二

有一次,我听一位教师教《乌鸦喝水》。读到"乌鸦把一个个石子衔起来,放进瓶子里,瓶子里的水慢慢地升高了"时,老师问"慢慢"可以换个什么词。

有换"渐渐"的;有换"一点一点"的,也有换"逐渐"的,老师高兴地予以肯定。忽然有个小朋友说:"还可以换'慢腾腾'——瓶子里的水慢腾腾地升高了。"老师微微一笑,说:"不行呀,'慢腾腾'用在这里不合适。"

老师说得对吗?对的。因为在大人看来,这样说是断然不对的。此话如出自大人之口,人们一定会发笑。但是,如果我们蹲下来,用孩子的眼光看呢,在孩子眼里,什么都是有生命的、有感情的,不要说他们对着玩具喃喃自语司空见惯,对着茶杯、茶壶之类的东西说个没完又少吗?孩子说"瓶子里的水慢腾腾地升高了",我看完全在情理之中。

今年4月初,我应邀到上海师资培训中心上课。上的是古诗《草》。有位小朋友在画"春风吹又生"的诗意时,把春风画成黄色的。我笑笑说:"是的,当春风裹着沙尘刮来的时候,春风是黄色的。"又一位小朋友不同意,他说春风是绿色的,于是又把黄色的风擦掉,画成绿色。我也笑笑说:"不错,在诗人的眼里,春风是绿色的。不然,王安石为什么说'春风又绿江南岸'呢?你长大了,说不定也会成为一位诗人。"(在你看来,春风还可以是什么颜色的?)话音一落,听课的教师为我鼓掌。接着,又有一位小朋友说:"他们都不对,因为风是看不见的,画不出来的。"于是,他把绿色的风擦掉了,把草叶画成一边倒。我说:"我们一看,就知道在刮风,而且风刮得比较大,草都被吹弯了腰。"听课老师又热烈地鼓掌。这次的掌声当然是给这位小朋友的。按理说,只有最后一位小朋友说得对,但对前者,我为什么不予以否定?我想,如果否定他们——哪怕态度很温和——不就把学生的想象力封杀了?(保护学生的想象力,比传授知识更重要。美国一位母亲,把她的孩子所在的幼儿园告上法庭了。为什么?因为幼儿园的老师教她的孩子认识了字母"O",她认为这把她孩子的想象力封杀了。你猜诉讼案的结果怎样?她赢了。)

蹲下来看学生,许多幼稚可笑的东西,便会觉得不幼稚,不可笑,甚至会觉得了不起。

三

不仅仅是教学。(自然而然由教转到生活。)

经常看到有些家长,因孩子把玩具摆弄坏了而发脾气。爱因斯坦小时候,把一个指南针拆坏了,却未受到父亲的任何指责。他父亲认为,孩子的好奇心,应当得到保护,而不是摧残。

经常看到有些学生,因好动手动脚或者互相推推搡搡,便被老师扣上"调皮""好斗"

的大帽子。我觉得"好斗""顽皮"是孩子的天性，对孩子要少些限制，多些引导。（如何引导？通过作者所记两件事，我认为：要恰当引导。首先，不要把某件事扩大化，总是上纲上线。其次不要事件后果严重化，以为不可收拾。）

一天下午，大扫除的时候，两个学生在操场上打斗起来。一个手操拖把进攻，另一个则一手举簸箕，一手拿着笤帚迎战。在他们心目中那拖把一定是一件比大刀还了得的兵器，那簸箕一定是盾牌，那笤帚就是一把刀，班主任大声命令他们"停止战斗"。我连忙说："让他们斗去。第一，他们不是真斗；第二，即使真打，大不了使双方落了一身污泥。"果然，斗不多时，双方以"各得一身污点"，而握手言和。他们嘻嘻哈哈地向教室走来，压根儿没发现一直注视着他们的班主任和我。他们一上楼梯，我便迎上前去，说："二位好汉，大战十几个回合也未分胜负，是不是歇歇再战？"二人的脸刷地一下子红了，笑着跑进教室。

有一次，我带学生到游泳池里游泳，几位女生向我告状，说男同学向她们身上泼水。"岂有此理！这不是明目张胆的挑衅行为吗？"我说，"难道你们没长手？"这一说不打紧，游泳池里立刻爆发了大规模的"水战"。女同学似乎更有耐性，有几个人竟绕到男生的侧翼，发起了进攻。男生终于招架不住，败下阵去，打水仗打出了智慧。

蹲下来看学生，就能体谅学生，老师就能和学生融为一体。

四

在这方面，一些外国同行的做法很值得我们借鉴。（由国内转到国外。）

前不久，我在《新华日报》上读到一篇访日文章。文章记述了这样一件事：作者在日本参观一所幼儿园时，听了一节美术课。有位小朋友画得乱七八糟，横一道、竖一道的，可是老师居然能从中找出优点。老师举起这幅画，问全班小朋友："大家数一数，他在这幅画中用了多少种颜色？"每个小朋友都瞪大了眼睛，认真地数了起来，一数24种。原来，这位小朋友把彩笔盒里的24支彩笔全用上了。老师高兴地说："这位小朋友是全班颜色用得最多的一位。"这位小朋友激动得不得了。

这不就是蹲下来看学生吗——找出一点能肯定的，总比全部否定好。（蹲下来看学生，就要发掘学生的闪光点。）

在美国，有位生物老师在向学生讲蚯蚓的时候，有学生突然问："请问老师蚯蚓什么味道？"老师说："对不起，我不知道。因为我从来没尝过。"学生说："我可以尝尝吗？"教师说："当然可以。"学生问："我尝了能加分吗？"教师说："当然能。"于是这位学生把蚯蚓洗干净品尝了一口，然后把蚯蚓的味道说了出来。老师大大地表扬了这位学生。后来，这位学生成了美国著名的生物学家。(蹲下来看学生，就要鼓励学生大胆尝试。)

品尝活蚯蚓，对大人来说简直是不可思议的。但对有着强烈的好奇心和探究精神的学生来说，无疑是不难理解的。这位老师不但没有阻止，反而给以热情的鼓励与支持。这也是蹲下来看学生——蹲下来，才会理解孩子。(蹲下来看学生，就要鼓励学生亲自体验。)

一年，一个外国教育参观团到南京的一所小学听课，有位老师手里拿着一只乌龟让学生观察，学生很感兴趣，坐在讲台前的一位小男孩，竟不由自主地学着乌龟爬起来，把坐在教室后面听课的外国老师们逗乐了。讲课的老师一眼瞥见了坐在自己眼皮底下的脖子一伸一缩、两只手不停地做爬行动作的小男孩，向他使了个眼色。可是小男孩的注意力都被乌龟吸引去了，对老师的眼色全然不觉。直到下课，这位老师仍面有愠色。没想到评课时，外国同行对这位小男孩却倍加赞扬，说他表现得最好，上课最投入。

同样一件事，为什么我们和外国的同行会有迥然不同的看法？我认为，除了观念的不同外，还有一个重要的原因，就是看问题的角度不同————一个是蹲着的，一个是站着的。

读后悟语

相信无论是学生还是老师读了这篇文章都会深为叹服。叹服作者作为师者的智慧；叹服作者作为文人的手笔。

"什么是蹲下来看学生？""如何才能蹲下来看学生？"蹲下来，就是放下师道尊严的架子，走进学生的内心，与学生平起平坐。在教学中，不封杀学生的想象力；在生活中，对学生的行为不乱扣帽子；要尽力去找出学生的闪光点，这样就能鼓励学生大胆尝试和探索。

作者没有枯燥的说教，而是以一件件新鲜生动的事例去说明道理。

崇 尚 愚 蠢

张心阳

教育家们告诫家长,面对未谙世事的学童,不要说他们愚蠢,而要说他们聪明能干,这样就越发使孩子聪明。反之,一种暗示效应使他们觉得自己真的很蠢。据说这一理论是洋人做试验做出来的。我想也是,咱们国人不屑这种试验,做了也不能作这种结论。(既"不屑",也"不能",为什么?心理作怪罢了。)我们崇尚说孩子如何不行,比方说吧,有一个孩子在大人面前卖了一下乖,结果就遭到了嘲讽:"小时了了,大未必佳。"这孩子还能说什么?赶紧闭嘴,回家想想未来咋办吧。

现在的家长们大都会用科学的教育方法了。可是,等到孩儿们长大成人了,还能让他们说自己如何聪明吗?倘真如此,那等于妨碍他们做人,急需的是教他们如何学得愚蠢。

人皆知庄子,"庄子道大哉,非儒之所能及知也"。把他老人家学说拿出来,儒子儒孙们读都读不明白。他的智商少则也有200。这么好的脑瓜子可以尽情享用吗?不可,必须"弃智",装得好像狗屁都不懂,只能成天瞎编些稀奇古怪的故事。再有那个鞋破帽也破的济癫,他的智商也很高,其智慧故事改巴改巴就拍成电视卖钱,但他必须衣着褴褛、疯疯癫癫,做栖身于凡尘之外的和尚方得安身立命。还有就是那个怪里怪气的扬州知县郑某,活一辈子的体会是:"难得糊涂。"

崇尚愚蠢是中国人的一个情结。林语堂先生早就说过:"中国历史上有一些著名的傻瓜,都因为他们真癫或假癫,很讨人喜欢,很受人爱戴。"是的,"敌人一天天烂下去,我们一天天好起来。"只有你傻得不知东西南北,才能显示出我的聪明伶俐,怎么能不喜欢?

101

（国人一向崇尚愚蠢的事例：庄周弄智、济公装癫、板桥糊涂。）

其实，中国的百姓愿意看别人当傻瓜，多数还不过是一种自我安慰和精神麻醉：原以为自己已经傻得没谱了，不想还有比自己更傻的。倘以利害而论，他庄周也好，他济癫也好，他郑燮也好，疯不疯，癫不癫，跟他的"日出而作，日落而息""老婆孩子热炕头"有多大关系？

什么人最希望别人当傻瓜？就是在一个群体或一个国度里只想用自己一个脑袋想问题和显示其权威的人，才更希望别人傻。（为什么有人喜欢别人当傻瓜？因为那样可以显示自己的聪明和权威。）

随便二十五史翻到哪一页，都找不到活得像模像样的聪明人。无论是文坛巨子，还是开国武臣，一涉及皇帝老爷的事全都变成傻瓜蛋，话说不清，理道不明，跟三岁孩子似的智力发育不全。（加点的这些关联词语用得很好，你能体会其妙处吗？）范蠡帮越王雪了国恨，他也该享受享受一下了吧。不能，他得装傻子，扛起锄头到谁也找不着的地方去种地或经商。王翦帮秦王打天下，出兵之前非得傻乎乎地让秦王答应给他良田、宅院。他必须让主子觉得自己傻，感到他王翦拼死拼活打天下，并不懂也能坐天下，只知道贪图一时富贵和享乐而已。赵宋开国元勋曹彬领兵伐太原，眼看就要大功告成了，却突然下令停止进攻。辅将潘美不解。曹彬的道理是："此前太祖亲自率兵在这里几番进攻都没攻下，现在你我一举拿下，那不等于找死吗？"他把自己搞得很傻，搞得很无能，请求太祖亲征，结果一举拿下，大家高兴得不得了，齐呼"万岁英明"。（你是如何看待范蠡、王翦、曹彬等人的做法呢？）

"智而能愚，则天下之智莫加矣。"（刘基语）聪明的人尽管用你的智慧去做，但表面上又装得愚不可及的样子，这样的天下就好得不能再好了。（如何理解刘基的话？）可不是，大家好生生地把事做好，但都觉得所做的一切都是应该的，微不足道的，不张扬，不显派，不骄傲，也没有什么非分之想，都说这是主子英明决策，正确指挥，领导有方的结果，荣誉和功劳都记到他一个人头上了。如此，即显示"吾皇圣明"，又让大家保持了"不计名利得失"的美德，都成了"大树将军"，多好。

世界上对中国人早有这样一个评价："一个人一条龙，一群人一条虫。"在一个人独立行事的时候，他可自由地思考，自由地选择，调动全身的每一个细胞来做自己想做的事情，自然生龙活虎。有一群人的时候，往往只能由一个脑袋思考问题，让一个人统揽全局，只贯彻一个人的思想,其他脑袋全部停止了转动,人人都只不过是"一块砖"或一颗"螺丝钉"。人都成了毫无生机的砖头和螺丝钉了,不成虫又成什么?(比喻是那样的形象生动,所反映的现象又是那样的使人深思!)

聪明与愚蠢从来就是相对的。遇到一个顶聪明的主儿,大家伙还能开动一个脑筋;遇上一个二百五的主儿,所有的大脑必须全都关闭,以崇尚愚蠢,显示出他的英明。

卑贱者最聪明,高贵者愚蠢。在世界各民族中,很难找到哪个民族像我们这样把人的无知、愚蠢、装疯卖傻当做一种乐趣,且持以崇尚、褒扬的态度。苏格拉底并不因为自己"另立新神"被统治者推上审判台而满嘴胡话,布鲁诺也没有因为他主张人们有怀疑宗教教义的自由冒犯教皇而装疯卖傻。相反,我们一些文化人刘伶、贾谊们仅仅因为一点不得志便如丧考妣,自我虐待,竟还被树之为人之豪杰和偶像。(真的是卑贱者最聪明,高贵者最愚蠢吗?作者为什么这样说?除了文中所举的四个例子,你还能分别举出正面和反面的例子吗?)

当然,我们也有不甘愚蠢的人,但很难活得自在,要么去跳湖投江,做舒舍予们;要么三缄其口,只说"今日天气,哈哈哈";要么就进牢狱,接受棍棒、竹签和铁镣的伺候。聪慧的林昭被害前已神志不清了,张志新到最后也彻底疯了,疯得使行刑的战士也被吓疯了。在崇尚愚蠢的社会里,你不愚蠢、疯癫,逼也要逼得你愚蠢、疯癫。智慧被扼杀,愚蠢就继续成为风尚。

都说我们的民族多灾多难,可世界上哪个民族就那么风调雨顺?最大灾难莫过于消灭智慧,尊崇愚蠢,只有少数人的脑袋思维,而让所有的脑袋都停止转动。(这是社会的悲哀,这是民族的悲哀! 消灭愚蠢,尊重智慧,让所有人的脑袋都转动。)

我在一篇《被删去的真话》文章中讲了这样一件事,重庆綦江彩虹桥垮塌前,一个小学生写了一篇题目叫《彩虹桥要垮》的作文,文中写道:"桥上有的铁棒有裂缝,我看见了好几条。我觉得太危险了,仿佛马上就会落下去,眼前像地震发生一样,我飞快地跑下了大桥……"可是,作文尚未拿到老师那里去批阅,其母亲就毫不犹豫地将标题改掉并将上述文字删去,郑重地告诉孩子:"彩虹桥是美丽綦城的标志之一,多用优美的词句去描绘它,不要说这些不吉利的话。"这是一件多么可怕的事情,又是一个多么危险的信号,我们不仅要让自己甘于愚蠢,而且还在充当着智慧的杀手,让这种愚蠢传宗接代! (细心观察我们的周围,也许就会发现,这种甘于愚蠢、扼杀智慧的人还真的不少呢!)

读后悟语

　　这是一篇杂文,语言幽默犀利,内容丰富广博,主题深刻。读罢令人遐想深思,含泪微笑……

　　我想起了鲁迅先生,想起他笔下的国民的劣根性,崇尚愚蠢,这又何尝不是劣根性?

那远远的云端

胡晓梦

学生最爱给老师评头论足了,要是有个有点"特点"的老师往讲台一站,同学会相互挤眉弄眼,下课后,三三两两议个没完没了。很快,关于老师的"新闻"便历久不衰。记得刚进高二时,就有这样一位富有"特色"的成了我们最有趣的议题。

上课前,有消息透露:此人年过花甲,性格外向,喜怒无常……喜怒无常?我心抽了一下。(未见其人,先有内部消息,很吸引读者。)

"来了!"有人一声惊呼。只见一个老头从甬道那端缓缓"颠"来,教室顿时静煞,一双双好奇的眼睛齐刷刷地射向他:好一个醉仙人!走起路来噔噔有声,两条手臂大幅度摆动,整个身子摇来晃去。上讲台了,嗬,满面红光,眉眼灵动,精神矍铄!他略一扫视,带着余喘就哇啦哇啦讲课了。和新班学生见面不讲客套也罢,总要讲上一串有趣的废话嘛!可他啥也不讲,真是……(文中哪些语句是具体描写老师的"颠"的?"嗬"字反映我们当时怎样的心理?"真是"什么?也真不好评价。)

第二天,关于"怪老头"的轶事便风闻开了。别的都记不住了,只记得"小灵通"说,当年她伯父听他讲课,这位老师曾经在讲台上背诵《孔雀东南飞》,背呀背呀,禁不住潸然落泪,不能自已,直到悲恸咽住,才停下喘气。我们听后全都捧腹大笑,真是滑稽得可爱。有趣的是,30年后的今天,他又要向我们讲《孔雀东南飞》了,多想看看他泪挂两腮哟。

可等到了!他要我们先习注释,而后略略讲解几处难句,接着便是范读。

只见稍一酝酿,一次深呼吸,便沉下脸,小声地开始朗读起来。我发现好些同学都抿嘴窃笑,是嘛,瞧他摇头晃脑,拖腔拉调,这是朗读吗?哦,这也许就叫"吟哦"吧!我禁不住也想笑。可他，似乎完全沉浸在课文的意境中。有些同学自觉没趣，便也捧起来听他读了。渐渐地他越吟越带劲儿，越来越凄切，读到刘兰芝告别小姑时，只见他不断地咽喉头，不像前边那般流畅有调了。听得出，他近乎沙哑酸涩的声音是理智克制感情的结果。这时，默无声息的教室里，一张张面孔也都露出悲怆的神情来。我不断咬牙，不让泪水涌出，直到下课铃响，大家还是沉重得很，无人哗笑，无人追跑。(先是"抿嘴窃笑"，再是"默无声息"，后是人人"悲怆""泪水涌出"，这是文学的魅力，更是老师的魅力。)

上他的课，我总被他的情感所左右。他不是演员，但他情感的变化，却犹似春末夏初变幻莫测的云天。渐渐地，我也养成了带情朗读的习惯，读到好章段，我竟也会旁若无人，忘乎所以。如今，细细琢磨一下他这种独特的教学方法，不禁深深赞叹。我已深切领会了他的一句话："读到有情时，文也通大半。"唉，说他喜怒无常，莫非由此而生?(所谓的"喜怒无常"，原来如此。此处照应了文章的第二段。)

去年，我曾连获校、地、省作文比赛一等奖。那天早会时，全校师生集合在大操场，校长将给我颁奖。忽然，他风风火火地闯进我们的队伍，一眼瞄住我，挤了过来，没等我明白，他已把我拖出队伍，郑重地教："一会儿你上台领奖，要先进三步，双手接奖品，然后转身，向全校师生亮一亮奖品，然后退三步，嗯，像这样……"周围的同学都哗然大笑，他却充耳不闻，仍一本正经地为我做着木偶似的机械的示范动作。(一系列动作描写，展现了老师独特的个性。原来领奖也有这么些讲究)。我都是高三年级的学生了，又不是第一次上台领奖，真是个老古董!我虽不敢笑，心里却埋怨他没事找事。可是说来也怪，在我短短的生活道路上，曾印下了多少激动人心的绚丽画面：在万人歌咏大会上，我的手风琴演奏曾赢得如雷的掌声；在长沙省委礼堂，我郑重地接过省委书记颁发的奖状；也曾像一颗小明星，荣幸地和名作家一起游山玩水，一起留影，一起上电视……然而那些画面随着时间流逝渐渐淡漠了，偏偏只有他为我做木偶似的机械的动作的场面不时地在我脑幕里映现，而且越来越清晰，每次都使我感受到了一种暖呼呼的、特殊的爱。

在我的记忆中，他只有一次对我发脾气。我读高三，学校成立文学社，他当顾问。那天，他兴冲冲摇进教室来，眯着眼笑着告诉我："你被选为社长!"我立即本能地红着脸，照中国人的传统习惯婉言推诿一番。没料到，他的脸立即露出愠色，严肃地盯住我："你以为韬光晦迹，隐藏才华是谦虚，是美德么?不，现在观念变了，你没有见到北京竞选中学生记者团团长的报道么?你没看见自荐厂长的报道么?有才不露，还不如毛遂……"我低着头,咬住唇,委屈的泪水几乎要夺眶而出。他倒不管你委屈不委屈,只管训斥道:"当社长算什么?你应该向大家拍胸脯,公开宣布,我得几个奖算什么?我还要得更多的大奖,我——"我浑身发烫,借口溜了。(他的教学,他的行动,带有浓厚的中国传统色彩,而他的思想深处,却是那么新进的观念。)

你说他是老古董吗?这种新思想至今我还难于接受呢!然而暗地里这些话却像一团火,在我心中燃烧着,越燃越旺,当我又获华东六省一市中学生作文比赛优胜奖和《年轻人》举办的国际青年"年轻人的日记"征文比赛二等奖时,我陷入了更深的思索。眼前摆着的是好几张获奖证书、奖状,抽屉里,放着复旦大学的免试录取通知书,我抬头,望着窗外云天,呀,老师就站在那远远的云端,又在向我教训道:"得几个奖算什么,我还要得更多的大奖!"(作者为什么会觉得老师"站在远远的云端"?)

读后悟语

这的确是一个很有"特点"的老师。作者从以下几个方面塑造了他的形象:

1. 在具体的事件中表现人物性格。本文写了四件事:初次见面;讲解古诗;教我领奖;批评训斥。老师的坦诚直率,学识渊博,思想进步等特点在事件中一一展现出来。

2. 在形象的描写中刻画人物的个性。文中有外貌描写,如"满面红光,眉眼灵动,精神矍铄";有动作描写,如"闯""瞄""挤""拖"等;有语言描写,如他对我的训斥等。

3. 通过侧面烘托来展现人物。讲解《孔雀东南飞》一段,作者没有直接描写老师讲解的过程,而重点描写"我"和"同学"听讲后的感受,这样,更能突出老师教学艺术的精湛!

溺爱与断送

张玉庭

法国思想家卢梭曾说过这样一段发人深省的话："如果一个孩子,想得到什么就可以得到什么,他就自以为是天下的主人,而当你在最后不得不拒绝给他某种东西的时候,他就会把你的拒绝看做是一种反叛……当他踏入社会后,就会觉得所有的人都在反抗他……这无疑是家庭教育的极大失败。"(为什么说是"极大失败"?因为它培育出来的人完全不能适应社会。)

由卢梭的论述,我想起了我们中国的小皇帝们。

把独生子女称为小皇帝,这已不是什么新鲜事。由于"皇帝"总是拥有得天独厚的特权,所以,时时"坐享其成",处处"有求必应"的生活方式,使他们很自然地养成了"狂妄自大""目空一切",既"依赖别人"又"骄傲任性"的坏习惯。尤其可怕的是,当他们步入社会后,仍然天真地以为社会也是这样一个有求必应的天堂,于是心安理得地等待着"成功",踌躇满志地盼望着"丰收"。由于他们全然不懂"只有耕耘才能收获","只有竞争才能生存","只有奋斗才能成功"的道理,所以在连续碰壁之后很快心灰意冷,并很快陷入空前的困惑之中。至于结果,便是卢梭说的,把社会的拒绝"看做是一种反叛","觉得所有的人都在反抗他。"(心安理得等待成功,踌躇满志盼望丰收,这是新时代的守株待兔。)

"反抗"一词很值得品味,因为"反抗"总是双向的,实际上,当一个孩子认为所有的人都在反抗他时,他已经陷入了可怕的孤独之中。换言之,如果他不能迅速调整自己的行为以适应社会,他只会在以后的生活中出更多的洋相,吃更多的苦头。(想想看他生活中会出哪些洋相?会吃哪些苦头?)

雨果有句名言："寄托有时意味着断送。"我们的家长们也许未曾注意到,正是上述这种无穷无尽的爱在悄悄折断着孩子们搏击风云的翅膀,而且,这种"爱"的程度越是无以复加,这种"断送"的可能性也就越大。这正如勇敢的小鹰,如果它的父母总是让它养尊处优,总是让它待在温暖的窝里坐享其成,而从不引导它去经经风雨,见见世面,它怎么可能在以后的日子里展翅高飞,翱翔千里?(是苍鹰,就让它选择风雨,是海燕,就让它选择雷电。)

无须讳言,对于当代中国的小皇帝们说来,最缺少的不是甜腻腻的"爱",而是磨难与锻炼。这种磨难与锻炼,包括意志、体力、生存能力和竞争能力等,没有这种必要的锤炼,将很难让孩子得到全面的发展。(高尔基说:苦难是一所大学。)

达尔文说过,优胜劣汰,这不仅是自然界的法则,也可以理解为人类社会的法则。既然如此,我们的家长们就必须明白:溺爱不是爱,而是对孩子们的一种甜蜜的摧残,为了21世纪,快点,把小皇帝们从溺爱中拯救出来吧! (救救孩子!)

读后悟语

孟子曾经说过:天将降大任于斯人也,必先苦其心志,劳其筋骨,饿其体肤,空乏其身。这话的意思是说:一个人要有所成就,就先要经受艰苦的磨炼。

这篇《溺爱与断送》从另一个方面阐述了相同的道理。作者没有列举父母的种种溺爱行为,而是着重指出重溺爱对孩子造成的严重后果,使人不禁掩卷沉思。恰到好处的名言的引用,为作者的说理增添了说服力。

一位母亲与家长会

刘燕敏

第一次参加家长会，幼儿园的老师说："你的儿子有多动症，在板凳上连三分钟都坐不了，你最好带他去医院看一看。"回家的路上，儿子问她老师都说了些什么?她鼻子一酸，差点流下泪来。因为全班30位小朋友，唯有他表现最差;唯有对他，老师表现出不屑。(母亲的心里是多么难受啊!)然而，她还是告诉了她的儿子:"老师表扬你了，说宝宝原来在板凳上坐不了一分钟，现在能坐三分钟了。其他的妈妈都非常羡慕妈妈，因为全班只有宝宝进步了。"(同样是三分钟，母亲却能挖掘出儿子的进步，多么聪慧的母亲啊!)

那天晚上，她儿子破天荒地吃了两碗米饭，并且没让她喂。(表扬的力量是巨大的。)

儿子上小学了。家长会上，老师说:"全班50名同学，这次数学考试，你儿子排第49名。我们怀疑他智力上有些障碍，您最好能带他去医院查一查。"

回去的路上，她流下了泪。然而，当她回到家里，却对坐在桌前的儿子说:"老师对你充满信心。他说了，你并不是个笨孩子，只要能细心些，会超过你的同桌，这次你的同桌排在第21名。"(眼泪在心里流，却不能在儿子面前流。儿子需要的是鼓励。)

说这些话时，她发现，儿子暗淡的眼神一下子充满了光，沮丧的脸也一下子舒展开来。她甚至发现儿子温顺得让她吃惊，好像长大了许多。第二天上学时，去得比平时都要早。(鼓励的作用是积极的。)

孩子上了初中，又一次家长会。她坐在儿子的座位上，等着老师点她儿子的名，因为每次家长会，她儿子的名字在差生的行列中总是被点到。然而，这次却出乎她的预料，直到结束，都没听到。(这次儿子没被点名，说明了什么?)她有些不习惯，临别，去问老师，老师告诉她:"按你儿子现在的成绩,考重点高中有点危险。"

她怀着惊喜的心情走出校门,此时她发现儿子在等她。路上她扶着儿子的肩膀,心里有一种说不出的甜蜜,她告诉儿子:"班主任对你非常满意,他说了,只要你努力,很有希望考上重点高中。"(老师说有"危险",为什么她的心情却是"惊喜"的?"有一种说不出的甜蜜"?)

高中毕业了。一个第一批大学录取通知书下达的日子。学校打电话让她儿子到学校去一趟。她有一种预感,她儿子被清华录取了,因为在报考时,她给儿子说过,她相信他能考取这所学校。

她儿子从学校回来,把一封印有清华大学招生办公室的特快专递交到她的手里,突然转身跑到自己房间里大哭起来。边哭边说:."妈妈,我一直都知道我不是个聪明的孩子,是您……"

这时,她悲喜交加,再也按捺不住十几年来凝聚在心中的泪水,任它打在手中的信封上。(这是喜悦的泪,它包含着一位母亲太多太多的爱。)

读后悟语

母爱是沙漠中的一眼清泉,能够滋润孩子干涸的心田;

母爱是黑夜中的一颗明星,能够慰藉孩子孤独的心灵;

母爱是困难中的一根拐杖,为你撑起一片希望的原野;

母爱是挫折中的一阵清风,为你拂去焦虑和彷徨。

都说母爱无言,母爱无垠,是的,母爱是无垠的,但谁说母爱是无言的呢?读一读文中母亲的几句话吧!那话语中的沉甸甸的母爱,有谁能够掂出它的分量?有谁能够不潸然泪下?

我的第一首诗

[美]巴德·舒尔伯格

当我八九岁的时候,写了生平第一首诗。

那时,父亲是派拉蒙电影制片厂的厂长,母亲从事文化事业。

母亲读完这首小诗后喊道:"巴德,你不会写出这么美的诗的!"(母亲否定"我"的作品,她是打击"我"的积极性吗?)

我结结巴巴地说是我写的。她大大地表扬了我一番。天啊,这首诗整个是一个天才的杰作。("我"为什么会"结结巴巴"?)

我脸上现出愉快的表情。"爸爸什么时候回来?"我问道,我迫不及待地想给他看看。

整个下午大部分时间我都在为父亲的到来做着准备。我先用花体字抄写了一遍,然后用彩色笔画了一圈儿精美的花边儿,让它与内容相配,当七点将近的时候,我满怀信心地把它摆在餐桌上父亲的餐盘里。("我"受到母亲表扬,兴趣更浓,信心更足,所以更加精心准备,渴望得到父亲的赞赏。)

但是七点钟父亲没有回来,我不能忍受这种心悬的感觉。我崇拜父亲,他是以作家的身份开始他的电影生涯的。他会比母亲更能欣赏我优美的诗。

这天晚上,父亲突然闯进家门,他的情绪比往常要暴躁得多。他虽然比通常吃晚饭的时间晚回来一小时,但他坐不下来,而是手拿酒杯围着餐桌转圈圈,咒骂他的员工。(这样的情绪,看来于"我"不利。)

他走着走着转过身停了下来,盯着他的餐盘。屋里静悄悄的,我的心悬了起来。"这是什么?"他伸手去拿我的诗。("悬"字准确写出"我"当时的心情,即想得到肯定,又怕遭到批评。)

"本,发生了一件了不起的事,"母亲开始说话了,"巴德写了他的第一首诗,而且写得很好,绝对出乎意料——"

"如果你不介意,我想自己来判断。"父亲说。

他读诗时,我一直低垂着头,盯着盘子。短短十行诗似乎用了好几个小时,我记得当时不明白他为什么用这么长的时间。我能听见我父亲的呼吸,接着听见他把诗放回桌子上,到了做出结论的时候了。(父亲真的用了那么长的时间么?)

"我认为写得很糟。"他说。

我不能抬起头来,两眼开始潮湿起来。(当头一盘凉水,你可以想象"我"当时是多么伤心!)

"本,有时,我真不理解你,"母亲说道,"他只是个小孩子。这是他平生写的第一首诗,他需要鼓励。"

"我不明白为什么。"父亲仍坚持自己的观点,"难道世界上这样糟糕的诗少吗?没有法律说巴德非成为诗人不可。"

他们为此争吵起来,我再也无法忍受了,哭着跑出餐厅,到楼上我的房间,扑倒在床上抽泣起来。

这件事好像已经过去了,但是它对我的深远意义却没有终结,像往常一样,家庭的创伤已经愈合,母亲又开始与父亲说话了,我也继续写诗,但是我没敢拿给父亲看。(它有什么深远的意义?)

几年以后,当我再读我的第一首诗时,发现它的确写得很糟糕。过了一阵子,我鼓起勇气给他看一篇新作品,一个短篇小说,父亲认为写得太累赘,但并不是一无是处。我学着重新写。而母亲也开始学着批评我,但又不使我有挫折感。她会说我们都在学习,我一直坚持到12岁的时候。(父亲继续批评,但开始肯定有可取之处,母亲继续鼓励,但开始学着批评。这是多么合拍的父母!要批评,但不能使孩子有挫折感,要表扬,但不能使孩子有骄傲情绪,这其中的分寸,可真不好把握啊!)

但是直到多年以后我才渐渐地明白那首痛苦的"第一首诗"的经历的真正意义,当我成为一名专业作家以后,我才越来越明白自己曾多么幸运。("我"为什么觉得自己是"幸运"的?)我有一位说"巴德,这当真是你写的吗?我觉得写得真棒"的母亲,还有一位摇头否定说"我认为写得很糟"使我流泪的父亲。一个作家——实际上我们生活中的每个人——都需要爱的力量作为一切创作的动力,但是仅仅有爱的力量是不完整的,甚至是误导的,平衡的爱应该是告诫对方"观察、倾听、总结、提高"。(你明白了"爱"的真正含义吗?)

有时你会遭遇来自同事、朋友及所热爱的人的反对,但是最终你必须自己平衡这种反对意见:首先要满怀信心向前走,去做该做的事情,去成为想成为的人;其次,调节你的自满情绪,冷静地、现实地评价自己。

那些儿时听到的对立的而又相互补充的声音多年以来一直在我耳畔回响——妙极了……糟透了……它们好似两股对立的风吹打在我的身上。我努力驾驶着的航船,不让他被任何一股风颠覆。(想想看,这个句子有什么深刻的含义?)

读后悟语

在教育孩子方面,咱们中国有句老话:一个唱红脸,一个唱白脸。这话是否完全合理,我们暂且不论,但这话起码生动形象地道出了一个家庭教育的原则:既要表扬,又要批评。本文作者所写的主人公:母亲爱说"妙极了",父亲爱说"糟透了",他们所扮演的角色,和我们的"红脸""白脸"有着异曲同工之妙。

作者主要记叙了两部分的内容:具体地描写了"我"的第一首诗所得到的评价;深入分析了父母的不同评价对我人生的影响。描写"我"的母亲的语言,十分生动、到位。而后半部分的分析、议论,又使文章的主题得到了升华。

美国人的读书态度

梁厚甫

有一次,我和一个朋友去看一个中国画家的画展。这画家是以画人物画知名的。其中有一幅画,画一个书生正在读书,其旁站一个女人,替他加上炉香,不用问,画题必然是"红袖添香夜读书"了。(想想看,这画题拟得好么?好在哪里?)

这幅画在我看来,没有多大的了不起,但了不起的事情却是这个美国朋友不断地追问,这一幅画的意境是什么。

要把画的意境向朋友说明,那就是件大事了。

为什么是件大事呢?因为中国人与美国人对读书的态度有所不同。(中国人与美国人对读书的态度有何区别?)

不能否认,中国人对读书的观念过于隆重;而美国人对于读书视为一件平常之极的事情,其平常有如搔头和抓耳朵一般。

我曾见过一个美国青年人,倚在大球场的铁丝网上,金鸡独立的仅是一脚到地,读一本书,读上两个钟头,没有变换位置,直到他的书读完以后才走开。(这样读书,可用四个字形容:忘我忘他。)

中国人能这样读书的我似乎还未见过。中国有一点钱的人家,都有一间专为读书而设的书房,较次的,也会在自己的卧室里设一张书桌。这一种豪华的设置,一般美国人是没有的。美国人家中有书桌的,百中无一;美国人要读书,都在吃饭的桌子边,美国人不见得家家都有饭厅,没有饭厅的人,吃饭的桌子就在厨房内。因此,厨房就是美国人的书房。

书籍放在什么地方呢？书籍放在车房壁架上边。把新书买回来，就放到车房去。美国人没有书房，然而却能随时随地读书。美国人读书不必找宁静的环境，在闹市中，经常有一块小草地，草地上有一两张椅子，上面坐着的就是读书人。(读书，重要的不是环境，而是心境。)

在美国，随时随地都可看见人读书。这不是说美国人勤学，而是中外的读书态度有所不同。

历史上，中国的读书人是一种特殊的人物。《幼学诗》说："万般皆下品，唯有读书高。"由于读书人是一种特殊的人物，因此，读书也变成为一种神秘的事情。神秘之极，便变成为"红袖添香夜读书"。平心论事，红袖添香，未尝不好；如果非要红袖添香才能读书的，那就不免过于隆重其事了。

由于读书要隆重其事，因而，便有人不肯读书，并为自己不肯读书来解脱。记得20多年前看到了一本好书，介绍朋友去看。朋友吝啬不肯买书，我就把我的借给他，说好一个月以后看完归还。一个月以后，朋友把书还给我，但说："完全没有看过。"我大以为奇。朋友皱眉说："白天我要上班，晚上回到家中，太太每晚都设麻将局，叫我怎有机会看书？"如果家里有人打麻将自己就不能看书，这样的借口实在太牵强了。(我们是否也曾为不读书找过类似的借口呢？)一个真正肯读书的人，不要说旁边有人打麻将可以看书，即使旁边有人打架也照样可以看书，毛病在于：中国人把读书看得太隆重。其实，读书之平凡有如搔痒，不见得有人在旁就不可以搔痒的。

先要把读书看得平凡才可以读书。如何使自己在心理上把读书看得平凡，那就首先要忘记读书人是种特殊人物。

其次，对读书的结果不要期望过高，中国有一句老话，叫做"书中自有颜如玉"，这是骗人的。

正确的读书态度是：有空便要读书，不读书，浪费光阴，未免可惜。

至于读书是否有收获呢？仍应该相信古人的话："正其谊不谋其利，明其道不计其功。"

美国人的读书态度之所以可取，就是因为美国人把读书视为生活的一部分。(很多东西其实都是生活的一部分，倘若硬是要把它们从生活中割裂出来，便失去了意义，无法真正实施。读书如此，道德、政治等也是如此。)

读后悟语

各国之间的文化差异会反映在政治、经济、宗教、艺术、教育、生活等各个方面。聪明的人善于寻找这种差异，承认这种差异，并利用这种差异取长补短。本文作者从一幅画切入，谈论中国人与美国人的不同的读书态度：中国人过于隆重其事，美国人则视为生活的一部分。故很多美国人能随时随地读书，而不少中国人借口多多不读书。确凿的事实，合理的分析，令我们不得不承认：在这方面，我们的确不如别人。

然而，我们有些人就听不得别人比我们好的话，否则，就扣你"崇洋媚外"的帽子。他们常讽刺说：难道外国的月亮也比咱中国的更圆更明亮？其实，也的确有这种可能：如果人家环境污染没那么严重，明净蔚蓝的天空中的月亮不就显得更圆更明亮了？

我们要学会心平气和地、理智全面地看待问题。

读书十二快事

褚永教

　　金圣叹是大才子,写文章别具一格。他批西厢,批到拷红,忽然笔锋一转,忆及20年前与友人赌说人生快意之事,列出33个"不亦快哉",酣畅淋漓, 妙趣横生。林语堂有感于金圣叹这段"快文",仿其格式,作《来台后二十四快事》,虽然语多戏谑,却也颇含哲理,而且文字精粹,神采飞扬,与金圣叹"快文"堪称双璧。(大作家亦有摸仿之作,我们初学者,何不从模仿入手?)于是想起读书许多快意,极言之,则人生至乐,莫如读书;应有"快文"为主颂扬。便不揣浅陋,仿照金、林语气列读书十二快事,庶几与"读书无用论"对立,助长好学之风,并与同好者共快之。(此为作者写作意图。)

　　一、春日融融,手执好书一本,默坐于河边草地。细读不倦,幡然有悟。无心观赏桃红柳绿鱼跃莺飞;只觉天长地远,神思难寄,逸兴壮怀,与书相连。于是爱不忍释,乐而忘返。不亦快哉!

　　二、盛夏燠热,喜得新书,不及等待,匆匆翻看,似有清风一缕,徐徐沁心;不知汗出遍身,汇成细流;也不闻蝉鸣绿树,声噪小楼。不亦快哉!

　　三、秋月晶莹,幽辉半床。读书数页,忽有所感。步出室外,遥望明月稀星,遐思宇宙人生,有千情万绪,涌上心头;凝成一处,竟与书中至理相通。不亦快哉!

　　四、任是隆冬朔风凛冽,不废好书苦读,及至心领神会,周身激情奔涌;如有烈火一团,从胸中喷出,蔓延开去,融化了冰雪世界。只见周围暖气弥漫,春意盎然。不亦快哉!(《读书乐》,春日融融正适时,夏天酷热浑不知。秋月相随悟哲理,冬雪化融为我痴。)

　　五、晚来郁闷,无所排遣。执新书一册,深入其中。顿觉置于高山,视通千里;面临沧海，心胸为之开阔。于是百忧消散，万虑俱无。不亦快哉！

六、连日来所读之书，多有平庸之作，仔细翻过，所得无几。想人可写书，我也可写书；我若写书，切忌平庸如此。人生在世，应有高远之志，人可为者，我亦能为，惟期所为必有建树。于是信心百倍，神情跃如。不亦快哉！

七、遇贤哲名著，艰深异常。聚精会神，难以索解。子夜静谧，灯辉书影，展读忘倦，深思不已。幽暗中，忽生亮光一道，照彻思路，猛然领悟，豁然开朗。于是喜不自胜，禁不住拍案叫绝，且手之舞之足之蹈之。不亦快哉！

八、一书到手，任作者如何显赫，决不屈膝仰视巍峨，而敢于评判一切。或如喜对挚友，庆贺其功绩，直言其疏误；或如面临强手，既已开战，十荡十决。力求畅达驰骋于书林，纵横自如，游刃有余。不亦快哉！

九、友人问及某书疑难处，正是我所知晓者，于是热情相告。友人颔首微笑，大加赞词，诸如"老兄高见"、"得益匪浅"云云。我则以另一某书中不解处询问友人，恰为友人轻易能解。即娓娓道其奥妙，使我顿开茅塞。如此取长补短，以书会友。不亦快哉！（读书则须疑，小疑则小进，大疑则大进。）

十、近有不少文人弃文经商，且感喟"书生百无一用"。而我仍执迷不悟，常戏言"书中自有黄金屋"。买书读书一如既往。虽书生自累，有迂腐之嫌，但心地宁静，知识日增，自觉以书自娱，不失高雅，安贫乐道，未可轻弃。于是心安理得，神情怡然。不亦快哉！

十一、见爱女每每捧书在手，诵读不息，有所感时，即雀跃而起，眉飞色舞，告我所得。虽多幼稚，然锋芒初露，正是希望所伏；持之以恒，前程未可限量。想她今后，或可超越前人，起码远胜于我。不亦快哉！

十二、读毕一书，常喜掩卷沉思。知读书虽多，不可全信；即为所信，亦当身体力行实地证之。纸上所得，终为浅显；真正厚重深沉之书，其实乃生活本身，不可不时时苦读，以求深解。读纸上文字，万不能为其所囿，而当出入自如，令书为我服务，而我又借书之力，服务于人民。识得此理，不亦快哉！（尽信书不如无书。）

读后悟语

曾拜读过金圣叹的快文，虽觉有趣，但总有时过境迁之感；

曾赏读过林语堂的快事，虽觉有理，但总有未能亲临之憾；

今日偶读褚永敖的《读书十二快事》，竟产生强烈共鸣，深觉其说出了自己想说而未说的心里话，不禁拍案叫绝，不亦快哉！

读书十二快事，作者一一数来。春夏秋冬，各有其趣；平庸高雅，各得其理。文中四字短语，言简意赅，意境深远，引人入胜。反复吟诵，竟觉豪气心生，执笔作《读书乐》一诗，竟然一气呵成，不亦快哉！

书 痴

许明亮

史美尔斯说："好书是生活中最宝贵的财富之一。"的确,谁拥有知识,谁就是精神上的富翁。许多名人之所以出类拔萃,其中重要的原因之一就是因为他们与书结下了不解之缘。(引用名言,直奔主题。)

醉 书

闻一多读书成瘾,一看就"醉"。就在他结婚的那天,洞房里张灯结彩,热闹非凡,大清早亲朋好友均来登门贺喜。直到迎亲的花轿快到家时,到处也找不到新郎。急得大家东寻西找,结果在书房里找到了他。他仍穿着旧袍,手里捧着一本书入了迷。怪不得人家说他不能看书,一看就要"醉"。(读书的态度可嘉。)

猜 书

著名数学家华罗庚读书的方法与众不同。他拿到一本书,不是翻开从头至尾地读,而是对着书思考一会,然后闭目静思。他猜想书的谋篇布局……斟酌完毕再打开书。如果作者的思路与自己猜想的一致,他就不再读了。华罗庚这种"猜读法"不仅节省了读书时间,而且培养了自己的思维力和想象力,不至于使自己沦为书的奴隶。(读书的方法可效。华罗庚还有一个读书方法:先从厚读到薄,再从薄读到厚。)

抄 书

语言大师侯宝林只上过三年小学,由于他勤奋好学,使艺术水平达到炉火纯青的程度,成为著名的语言学专家。有一次,他为了买到自己想买的一部明代笑话书《谑浪》,跑遍北京城所有的旧书摊也未能如愿。后来,他得知北京图书馆有这部书。时值冬日,他顶着狂风,冒着大雪,一连18天都跑到图书馆去抄书,一部十多万字的书,终于被他抄录到手。(顶狂风,冒大雪,手抄笔录这是因为爱书。)

吃 书

青年数学家张广厚有一次看到了一篇关于亏值的论文,觉得对自己的研究工作有好处,就一遍又一遍地反复认真阅读。他说:"这篇论文一共20多页,我反反复复地念了半年多。"因为经常地反复学习翻摸,洁白的书边,留下一条明显的黑印。他的爱人对他开玩笑说:"这哪叫念书啊,简直是吃书。"(反复阅读,反复翻摸,白书变黑书,这是因为用书。本处换用一非数学家的事例会更好,你认为呢?)

救 书

世界文豪高尔基对书感情笃深,爱书如命。有一次,他的房间失火了,他首先抱起的是书籍,其他的任何东西他均不考虑。为了抢救书籍,他险些被烧死。他说:"书籍一面启示着我的智慧和心灵,一面帮助我在一片烂泥塘里站了起来, 如果不是书籍的话,我就沉没在这片泥塘里,我就会被愚蠢和下流淹死。"(书已跟水和空气一样,成为生命中不可或缺的东西。)

读后悟语

明代学者宋濂,幼时家贫,无以买书,只得向有书人家借阅,看完后跑着回去还书。台湾作家三毛,爱书如命,从不肯借书给别人,她说,自己的书就像自己的牙刷,无论是多么亲密的朋友,也是不能借的。古今中外,多少人曾为书迷,曾为书狂。这篇文章用一个"痴"字,概括了几位名人读书的轶事。而"醉书"、"猜书"、"抄书"、"吃书"、"救书"几个小标题,既简明地讲述了几则故事的内容,又使几则故事成为独立而又有联系的统一体。相信读完本文后,你对书也是爱惜有加,迷醉更深吧!

学 生 作 品

　　知识的源泉不会枯竭，不管人类在这方面取得多大成就，人们还是要不断地去探索、发掘和认识。

——[俄]冈察洛夫

少年愁

李 艳

辛弃疾曾吟诵这样一首词："少年不知愁滋味,爱上层楼;爱上层楼,为赋新词强说愁。"我们这些即将跨入新世纪的少年,却早就品尝着愁滋味。这不是"强说"而是"实说"的少年愁,日甚一日地压着我们这些嫩胳膊嫩腿的学子,确实承受不起。有人戏称我们是"没有思想的作业机器",但机器也需要保养啊!"五一"长假,我们却成了永不停转的车轮,不信,请看我在假期间的几道习题。("强说"与"实说"的对比,"嫩胳膊嫩腿"与"作业机器","需要保养"与"永不停转"的矛盾统一,在诙谐中透出无奈和苦涩。)

1.已知:数学试卷三张,语文试卷两张,化学试卷四张,政治试卷一张。

求:能否在眼皮"打架"之前做完。

解:不能。设一张数学卷需1小时,一张语文卷需1小时,一张化学卷需1小时,一张政治卷需2小时,则:h(总)二1小时／张×(3张+2张+4张)+ 2小时=11小时;一天24小时-11小时-睡眠时间-吃、喝、拉、撒所耗费时间……唉,所剩有几?而还有……还有中考复习……哇!我好困!(整日沉浸在书山题海中的学子,除了做题还是做题。连作文也用上了数学题的形式,看来"中毒"不浅,亦可见"压迫"之重。)

批阅:你这样叫苦怎行?没有几天就要中考,再熬一熬吧!

批阅者:妈妈

答:妈妈说得对。我该努力复习,准备迎考。现在振作精神,继续复习。

2.已知:同学上门来邀我去参加同学聚会。

求:我该不该去?

解:去。我们相处的日子不会很长久了,年年岁岁花相似,岁岁年年人不同。或许,在不远的日子,我们就要各奔东西,很少有见面的机会。我不应让自己遗憾。(面对"鱼"与"熊掌"的选择,你会如何决定呢?)

批阅:不准去。现在面临中考,一寸光阴十寸金,怎么能去瞎疯。你知道现在学习的重要性吗?现在苦一年,今后甜十年。你学习是为你自己好啊!

批阅者:爸爸

答:我终于"大彻大悟"。我现在要努力学习,这样,我今后才能笑得坦然,笑得长久。

当然,这样的"解"和"答"是苦涩和沉重的,这样的"批"是迷惘和无奈的,但不管怎样,我还要对所有"不知愁"或已尝过"愁滋味"的莘莘学子说:"少年要懂愁滋味,少年要盼愁滋味;少年不忘愁滋味,少年不畏愁滋味。"(从"懂"到"盼",从"不忘"到"不畏",精炼地概括了莘莘学子成长的心路历程,颇让人回味。)

同学分析

《少年愁》源于作者对生活的真切感受。

文章的形式很新颖。一开始就引用了辛弃疾的一首词引起话题,接着又用了两道数学题的方式叙述了面临中考的学生在"五一"长假期间课业繁忙,无暇娱乐的事情。作者和她的同学们在中考大棒的指挥下,老师家长的压力下累得无法喘息,更谈不上发展自己的个性。文章对这种应试教育提出了强烈的控诉。

文章作者在控诉完后还是理智的。尽管课业繁重,一时改变现实也是不可能,作者意识到了"少年要懂愁滋味,少年要盼愁滋味;少年要不忘愁滋味,少年要不畏愁滋味"。因为,毕竟吃苦耐劳对一个人的成长还是很重要的,抱怨归抱怨,作者还是明白"吃得苦中苦,方为人上人"的道理的。

教师点评

　　真正的幽默是"寓庄于谐"。本文就具有这样一种幽默的味道:活泼的语言与多变的形式之下,是对学习的严肃思考。

学会生活

厉 盛

著名作家何其芳曾经说过："凡有生活的地方就有快乐和宝藏。"生活中有俯拾皆是的烦恼，也有随处可觅的欢乐，关键在于取舍。学会生活，对每个人来说，都是一个严峻的课题。我也在思索……(从名人的话语中直接引出本文的话题，开门见山。)

"镜子"

生活是一面硕大的"镜子"，学会生活就要善于找"镜子"，敢于照"镜子"，乐于将"镜子"的反馈积累为自己的生活感悟和底蕴。生活中有无数的"镜子"，书籍是一面"镜子"，在这面镜子中，我们了解古今中外的名人轶事，浏览世界各地的名胜风光，掌握各个领域的科学新知……在照"镜子"的过程中，潜移默化地净化了心灵，开阔了视野。摩天大楼也是一面"镜子"，它反射着昔日的贫穷落后，折射出今日的繁华璀璨，更映射出明日的前程似锦……通过这面"镜子"，我们不由得感到生活所赋予我们的重任。人与人之间也横亘着一面奇异的"镜子"，在对照中，我们学会取人之长补己之短，更懂得助人为乐和坦诚信任。无数的"镜子"是生活赋予我们的宝藏，我们在发掘"镜子"、拥有"镜子"的过程中，得到了不少真知灼见和金玉良言，更领悟了生活的真谛。这只是学会生活的第一步，我还在思索……(不仅列举出"书籍"、"摩天大楼"、"人与人之间"一面面生活之镜，还分析出从中所得到的良多获益，论证了"镜子"是生活赋予我们的宝藏。)

"慧眼"

　　"借我借我一双慧眼吧,让我把这纷扰看个清清楚楚明明白白真真切切!"想要发现生活的奥秘,领略生活的风光,我们更需要练就一双"慧眼"。若想生活得辉煌,我们必得有一双发掘真理的"慧眼"。漫漫科学长河中,多少英才在艰苦的环境中不断地擦拭自己的"双眸",摈弃谬论,捍卫真知,学会将有限的生命投入辉煌的奋斗。若想生活得舒坦,我们必得有一双明辨是非的"慧眼",理解生活中的真善美,决然否定假恶丑,恪守生活的原则,透析生活中繁复的迷雾。若想生活得滋润,我们必得有一双懂得权衡的"慧眼",不计较功名、地位等身外之物,珍惜生活给予的馈赠,将得失的天平放置平衡。无疑,拥有"慧眼"的人必将在学会生活这一课题上获得极佳的学分,为此,我依然努力着,思索着……("若想生活得辉煌"、"若想生活得舒坦"、"若想生活得滋润",从各个角度论证了生活智慧的作用,条理清晰,有一定论证力度。)

　　生活是一个永远向前的过程,更是一个不断思索的过程。思索中,我得到了学会生活的真理:生活的宝藏是"镜子",生活的快乐源于那双明澈的"慧眼",学会生活就是孜孜地去追求生活中的宝藏和快乐!(回应文章的开头,概括中间的内容,全文形成总——分——总的论证结构。)

　　如何生活?作者结合自己生活的体验,认为应当善于利用生活这面"镜子",练就一双"慧眼",挖掘生活的宝藏,追求快乐。

　　"学会生活"本来是一个很大的话题,作者没有采取大众化的方式——叙述一件事来阐明生活的道理,而是主要采用议论和抒情的方式来谈。同时,作者以小见大,抓住了自己对生活感受最深的两个词——"镜子"和"慧眼"来谈感受。

　　行文中逻辑性很强:开始引出文章的思索的话题,接着先谈了学会生活的第一步——利用生活的三面镜子:书籍、摩天大楼和人与人之间的镜子,再接着又谈了如何练就一双"慧眼"——发掘真理的、明辨是非的和权衡得失的慧眼,最后得出结论。整篇文章层次结构完整而清晰,说服力强。

文章用词准确而精炼,大量用了比喻句、排比句,使得谈论的内容生动而有气势。

教师点评

"生活"是一个抽象的话题,和"幸福"、"爱"……一样。写作这类题目,通常有三种模式:一、记叙,用事例来表现主题;二、议论,就主题发表自己的见解、看法;三、抒情,以大量散文化的句子表达内心感受。第一种关键在于事例的典型性;第二种注重条理性、集中性;第三种切忌空洞。

我们的祁SIR

高 文

"嘿！快瞧，祁sir的背上……哈哈哈！"

不知是谁这么轻轻地说了一句，大家都扭头朝祁sir的背上看。哟！原来祁 sir那炭黑色西服的后背上不知什么时候被白粉笔染了一大块"非洲地图"，我们一个个都捂住嘴笑个不停。祁sir自然不知，依旧踱着方步，仰着头念着那口纯正的英语。那副"目下无尘"的样子真够可爱的。("非洲地图"、"目下无尘"，词语新用，用幽默的语言表现人物随和、可爱的性格，很和谐。为全文奠定轻松的基调。)

祁sir是我们的英语老师，是个四十岁出头的男性公民，瘦高个子，背总是弯着，肚子却挺着，呈S形。一年四季包着那身半旧的黑西装，头发对半分，再添上那副茶色金丝边眼镜，俨然一副学者风度。(用漫画式的笔法简单地勾画，特征突出。)

祁sir的口语讲得确实OK，因此他上课不爱用录音机，亲自主"读"，且美其名曰："省电！"

我们上祁sir的课向来无拘无束，非常活泼。他总是有意无意地提些问题，有时还故意讲错，让我们纠正。一旦答错了他也从不责怪，反而笑着说："Good! 一错就把问题提出来了。"没多久，就连胆小的同学也能流利地发言了。

每天的值日班长总是要背地里"骂"祁sir几句，因为他每节课都要把黑板涂得"白压压"一片，乱七八糟，横七竖八，还真有点美国风格。但乱归乱，写得还是挺认真的。一次，他又写满了一大片，弯着腰，支着眼镜眯了半天眼，问我们："有错吗？"大伙看了一阵，齐声回答说："No,sir!"他看了一会儿又问："Really？""Yes,sir!"我们答道。他微笑着："你们真不仔细,Look!"说完,转过身,郑重其事地在文章末尾用红粉笔重重地打了一个问号,我们一看,都笑起来。祁sir怎么又像日本人似的,太拘小节了。

祁sir还有一个"坏毛病",那就是有时记性特别坏。同学们今天有什么事冒犯了他,第二天他就忘了,依然和大家有说有笑;中午别人都去吃饭了,他却仍呆呆地坐在办公桌前批改着作业,把吃饭都忘了;晚上别人都已进入了梦乡,他却仍一丝不苟地备着课,把睡觉也忘了……(事例的选取和概括注意形成对比性。如课堂气氛的"无拘无束"与老师对知识的"太拘小节";对生活细节的善忘与对工作的全情投入。在看似矛盾的情节中,突出人物形象。)

不过,我们不会把您忘了。我们的祁sir!

同学分析

作为一篇写人物的初中习作,《我们的祁sir》是一篇较好的范文。

文章的一开头从同学的一句话引出对老师的外貌描写,这种方式比较新鲜敏感;同时,作者抓住的是老师最主要的外貌特征,简单的几句话就将不太修边幅的老师的敬业精神刻画于纸上。

接着,作者选取了老师课堂上的几件事进一步刻画,这些事选取得很有特点:这些都是一些极平常的小事,甚至很多是一个镜头,一个片断。作者像摄影师,用相机及时捕捉了生活的瞬间。

在刻画人物形象的过程中,作者注意选取人物最有特点的方面,注意人物语言、动作、神态等各方面的描写,就像雕刻一样一刀一笔将一个有血有肉的塑像刻画出来,近乎白描,生动而自然。

整篇文章轻快而活泼,文字简洁,结构精巧。

教师点评

　　"老师"的形象应该是多面的。过去的文章一写到老师总离不了:抱病上课,加班至深夜改作业、备课……表现点单一。现代的"老师"应该有现代的气息,选材上应求"新"。本文的选材上有所突破,也有旧调重弹。

课余，我愿做只"书蠹"

刘晓燕

文学大师莎士比亚说过：书籍是全世界的营养品。(以文学大师的话开头，引起读者的注意。)

课余，做只"书蠹"啃啃书，吮吸书中的营养，是我最大的乐趣。(由"营养品"引出"书虫"，很自然。)

孩提时，我就跟班似的尾随在爷爷的身后，学着他的模样，踱着方步，捋着"胡须"，得意地往后仰着，诵读"大江东去，浪淘尽，千古风流人物"。那时，真是"好读书而不求甚解"。一个粗识文字的黄毛丫头，却常常抱起爷爷的"小枕头"，一本正经且读得津津有味，遇到不认识的字词就读"啥啥"，以致闹了不少笑话。("踱着方步，捋着'胡须'"，将厚厚的书称作"小枕头"，不认识字就读"啥啥"……这些情节与用词，无不体现了儿童特有的天真、可爱。)

书读得多了，我更体会到读书的乐趣。

书中的世界很精彩：海尔兄弟的机智勇敢、白雪公主的美丽善良、奶油猴的奇险经历等，无不给我带来欢乐。读着书中的故事，我时而手舞足蹈，时而泪眼蒙眬，时而捧腹大笑，时而唉声叹气。书中的每一个情节都深深吸引着我，以致小学还没毕业，我漂亮的鼻梁上就多了副"望远镜"。真可谓：为书消得人憔悴，衣带渐宽终不悔。

进入中学后，那些"卡通"、"动画"之类的书，全被我束之高阁，取而代之的是一部部优秀的长篇小说。《傲慢与偏见》中的伊丽莎白，活泼、刁蛮、任性、才华横溢，卡西先生真诚、宽容、充满智慧，他们最终结为眷属。《钢铁是怎样炼成的》一书中，保尔·柯察金的坚强意志、不断奋起的精神,鼓舞着我在困境中振奋起来。

正因为爱书如命,所以为能够品味一本好书,我不惜付出许多精力。一次偶然的机会,我得到一本小仲马的《茶花女》,只是好景不长——只有一个晚上的阅读时间。虽然累点,虽然苦点,但我却又可以"美餐"一顿了。(从孩提进到"小学",再到"中学",不同的读书经历各有乐趣,各有收获。围绕读书的内容,读书的感受等方面,文章体现了因年龄的增长而带来的变化,选材精当。)

读书是我最大的快事,诗歌的深厚内涵,散文的美好缠绵,游记的处处胜景,小说的曲径通幽,都让我痴迷。(恰当运用排比,使得文字有了几分韵律。)

读书足以陶冶情操,足以增长才智。

因此,课余,我愿做只"书蠹"啃啃书,品品味。

同学分析

作者在文中回顾了自己从小到大的读书生活,有趣事,有深切的感受,令人看到了一只可爱的小书蠹。

作者有很强的概括力。读的每本书都能用很简洁的话叙述出自己最深刻的印象,而大量的概括又使得文章的内容大大地丰富了。同时,作者也不忘在行文中叙述一两件印象深刻的事:小时学爷爷读书的事和不眠之夜看《茶花女》。这样的安排使得文章详略得当,主次分明。

文章中语言很精彩。除了大量运用名言警句,增强了说服力,还使文章格外有文采,增色不少。此外,作者还注意用生动的语言进行细节描写——小时候学爷爷读书的样子就惟妙惟肖,看来,作者从书中的受益匪浅。

教师点评

古人云:书中自有黄金屋,书中自有千钟粟,书中自有颜如玉。当然,这一切只赠予有心的爱书之人。你收到书的赠与了吗?

我与书

崔丹琦

书海，一望无际；书山，高入云天。海伦·凯勒说过："书像一艘船，把我们从狭隘的地方载向生活的无边海洋。"是的，书是一位博学的老师，书是一位可亲的长者。它给了我知识，给了我力量。它教我爱生活，爱世界。它给了我一颗纯洁向上的心。(短短几行文字，使用了引用、暗喻、拟人几种修辞手法，充分发挥了语言的表现力，传递出"我"对书的认识。)在书中，我认识了玛丽亚娜，认识了贝多芬；在书中，我找到了人生的目标，奋斗的动力。每当我遭遇挫折、气馁消沉的时候，总会不由自主地想到保尔的刚强、张海迪的毅力、雷锋的精神，他们鞭策着我，激励着我去战胜一个个困难，攻克一个个难关。

初识贝多芬是在初三那年。并不是我脆弱，然而，读着读着，我不禁泪流满面。不是为他生命的消逝而悲叹，而是为他的生命所体现出来的价值而震撼。贝多芬三十多岁耳朵就失聪了，他却没有消沉，而是用毫无听觉的牙神经代替耳神经，仅凭牙神经传给大脑的颤动信息，完成了一件件壮美的作品。闻名于世的《月光曲》就是在这种情况下诞生的。他用实际行动证明他的话："我要扼住生命的咽喉。"

感动之余，我坐下来默默思索着生命的价值。在书中我找到了答案：生命的价值在于用火一样的热情去奋斗，去贡献，去创造，去拼搏。("去奋斗，去贡献，去创造，去拼搏"，掷地有声的话语，不可阻遏的气势，是对贝多芬"扼住命运的咽喉"顽强人生的精确概括。)

面对生活中的坎坷和曲折，有时我感到迷惘和彷徨。这时，又是书告诉我前进的方向。

　　"只要星星还在天空闪烁,我们就不必害怕生活的坎坷。"作家陈建功在书中这样对我说。于是,我从迷惘中清醒:的确,人生是一条曲线,我们畏首畏尾又有何用?何不昂起头,迈步前进?生活并不全是阳光灿烂,风平浪静,也不全是阴沉昏暗,电闪雷鸣。若正确看待生活,你就会发现,风平浪静下隐藏的是暗潮汹涌。只有电闪雷鸣,倾盆大雨过后,天空才会出现美丽的彩虹。屈原放逐乃赋《离骚》,司马迁身受宫刑却写出了《史记》。这些事业上成功的人,遇到挫折时并没有消沉,因为他们透过暂时的风雨看到了未来的阳光。受他们的影响,我不再彷徨,不再迷惑。我要向未来挑战,与困难搏斗。(将书中的例子很好地融入自己的思考过程中,流畅、自然。)

　　我不再惧怕挫折和磨难,因为书告诉我:"天将降大任于斯人也,必先苦其心志,劳其筋骨,饿其体肤。"

　　我也不再惧怕奋斗的拼搏中必须经受的苦难,因为海伦告诉我很多很多。

　　我忘乎所以时,书告诉我:"人生本是无穷无尽没有终点的赛跑,这不过是一个光辉的开场。"

　　我自卑的时候,书又告诉我:"自卑,是心灵的自杀。只要举步前进,成功之路就会在脚下延伸。"

　　我高兴的时候,书告诉我:"生活是一种匆忙的追求,恬静安逸是对匆忙追求的报答。"

　　我灰心丧气时,又是书告诉我:"振作起来,相信自己的力量,坚信上帝就是我们自己!"

　　书给予我许多许多。

　　书,我生命中的知己。

　　书,我人生旅途中的导师。(无论"忘乎所以"、"自卑"还是"高兴"或"灰心丧气",书都在"我"的生活中扮演着不可或缺的角色。书的巨大魅力则毋庸置疑。)

同学分析

小作者读书,古今中外都有所涉猎;小作者作文,自然就"外师造化,中得心源"。整篇《我与书》将作者这么多年读书的体验娓娓道来:书是生命中的知己和导师。

从张海迪到贝多芬,作者在书中找到了感动,找到了生命的价值;从《离骚》和《史记》中,作者找到了战胜挫折和苦难的勇气;在忘乎所以、自卑、高兴和灰心气馁的时候,作者又从书中找到了许多许多。就这样,作者构思了这篇张弛有度的文章。

教师点评

普通人的生命多是平淡的,大喜大悲、辉煌、幸运往往只属于少数人。但书能带我们去感受这一切,它极大地丰富了我们的生命。在漫画书、游戏书漫天飞舞的今天,我们或许应该同小作者一道,去关注另一个书的世界——文学。

第四辑

心灵的绿洲

大千世界，气象万千；三光三才，自有荣枯。人，作为三才之灵，存乎宇宙之间，俯仰进退，灿烂而渺小，脆弱而顽强。走过漫漫长路，遥望浩浩长空，人类求索不止：过往，人何以生？今后，人何以往？于是有一群智者不甘寂寞，观照天地，省察人生，不辞劳苦地为人们解读这个世界，为人们探索种种出路，为人们开辟出一方方精神的家园，于是就有了宗教，就有了哲学……

名 篇 赏 析

　　居于一切力量之首的，成为所有一切的源泉的是信仰。而要生活下去就必须有信仰。

——[法]罗曼·罗兰

创世的传说

房 龙*

犹太人认为世界是怎样创造的？

最古老的一个问题是：我们从哪里来？

有些人至死都在问这个问题。他们并不期望得到答案。但是他们为有这样的勇气而高兴。敢于面对现实生活，就像勇敢的战士面对无法取胜的战斗一样。他们不愿屈服，嘴边挂着骄傲的词"为什么"而走向永生。

然而，这世界充满各式各样的人，大多数人要求对无法理解的事有一个合理的解释。当没有现成的答案时，他们便自己创造一个。

五千年前，在亚洲西部广泛流传着七天创世的故事。这是犹太人讲的故事。

他们模棱两可地将陆地、海洋、树木花鸟和男人女人的创造归于不同的众神。

但是，在所有人中，犹太人是第一个信奉唯一上帝的民族。下文我们讲到摩西时代时，会叙述事情的经过。

然而，后来发展成为犹太民族的闪族人一开始也是信奉多神的，就像他们的邻居多年前的做法一样。

可是，《旧约》"创世记"里的那些故事，是在摩西死后一千年才写成的。当时犹太人已经接受了"一个上帝"这一绝对无疑的既成事实。谁要怀疑"主的存在"，那就意味着被

---

*房龙，美国思想家、通俗历史作家。

驱逐或被处死。

至此,你会知晓,诗人们何以在描述希伯来人关于万物起源的定论时,将创世的繁重任务说成是一个神的瞬间灵感和想象,是本部落上帝的功劳。他们称他为"耶和华",即上天的统治者。

下面讲述的就是去朝拜神庙的信徒们听到的故事。

创世之初,一片混沌,地球漂浮在天际,沉寂而暗淡,没有陆地,只有茫茫无际的海水。耶和华之灵在海面上飘行,思考着伟大的行动。耶和华说:"要有光!"黑暗中出现了第一束曙光。耶和华说:"这叫做白天。"不久,光亮渐渐消逝,黑暗重新来临.耶和华说:"这叫做夜晚。"然后,他结束了第一天的创造,休息了。

然后,耶和华说:"要有天,隔开天穹与海水,天空要行云吹风,风将拂过海面。"这事做成了。日夜重现,第二天结束了。

然后,耶和华说:"陆地要浮出水面。"顿时,层峦叠嶂的群山露出水面,高耸入云。山脚下,伸展着广阔的平原和山谷。耶和华又说:"地上要有孕育种子的植物,开花结果的树木。"于是,大地绿草遍野,树木葱葱,晨曦微拂,昼夜交替,第三天的劳作宣告结束。然后,耶和华说:"天空要布满星辰,以划分年月、昼夜和季节。白天由太阳主管。因为夜晚是休息时分,只有宁静的月亮才能给那些穿越沙漠的漂泊者指明方向和安歇处。夜晚就交给月亮来主管。"第四天结束了。然后,耶和华说:"水中要有鱼儿跳,天上要有鸟儿飞。"于是就造出了各种大鲸小鱼,各类大鸟小雀。让它们在水中地面栖息、繁衍。鱼儿鸟儿尽情享受着上帝的恩赐,欢快地生活着。夜晚来临,疲倦的鸟儿将头钻入翅膀下,鱼儿潜入深水中,第五天就这样完成了。

然后,耶和华说:"这还不够,世界上要有能爬会走的动物。"于是造出了牛、虎和其他现今尚存的动物,以及许多现已灭绝的动物。这一切完成之后,耶和华抓起一把泥土,照自己的模样塑了座泥像并赋予生命,称之为男人,位居所有动物之上。结束了第六天的劳作,耶和华觉得一切创造之物都十分完美,第七天他就停工休息了。(上天造物,原来只需上帝动动嘴。)

第八天,男人出现在新的王国之中,他叫亚当。他住在鲜花盛开的园子里,温顺的动物领着活蹦乱跳的小动物同他戏耍,消除了他的寂寞。即便如此,他仍感到不快活,因为所有生物都有同伴,唯独他亚当是孤单一人。于是,耶和华从亚当身上取下一根肋骨,造成了夏娃。亚当和夏娃携手在园中漫游,好奇地探究他们的家——乐园。(物以类聚,人须成双。)

不久,他们来到一棵树前,听到耶和华说:"听着,这很重要。园内的果子你们都可以随便吃,但这是一棵分辨善恶的智慧树,人吃了这棵树上的果子就能懂得自己的行为是正义的还是邪恶的,他的灵魂就再也不得安宁。所以,我们必须离这棵树远点,否则,后果不堪设想。"(智慧有何不好呢?能知正义与邪恶,人才能有所选择呀!)

亚当和夏娃答应信守诺言。没过多久,亚当睡着了,夏娃还醒着。她开始在园中漫步。忽然,草地中一阵窸窸窣窣的声音,夏娃凝神一看,原来是一条狡猾的老蛇。(魔鬼总是喜欢以蛇的面目出现,然而中国民间传说中的白蛇娘娘却是多么重情重义呀!)

那时候,人类能听懂动物的语言。所以蛇与夏娃交谈很容易。蛇说它也听到了耶和华的话,如果她相信那些话就太傻了。夏娃信以为真,便吃了那棵树上的果子。等亚当一醒来,她把剩下的果子给他吃了。

耶和华勃然大怒。他立即将亚当和夏娃逐出乐园。他俩只好在尘世间自食其力。不久,他们有了两个儿子,大的叫该隐,小的叫亚伯。

两个男孩帮家里干活。该隐种田,亚伯放羊。当然,他们也像其他兄弟一样常常吵架。

有一天,他们都给耶和华献祭。亚伯献上了最好的羊羔,该隐则把谷物献在石头祭坛上。

孩子之间往往会互相嫉妒,而且喜欢吹嘘自己的优点。

亚伯祭坛上的木柴火光很旺,而该隐的却点不着火。(意味着耶和华没有接受该隐的祭品——译者。)

该隐觉得亚伯在取笑他。亚伯说没有,他只是站在那里看看。

该隐让他走开,亚伯不肯,干吗要走?于是该隐就动手打他。

不料,该隐下手太重,亚伯倒地而死。

该隐害怕极了,就逃跑了。

但是,耶和华洞悉一切,他在树丛里发现了该隐,问他弟弟在哪,倔强的该隐不肯回答。他怎么知道?他又不是照看弟弟的保姆!

当然,撒谎对他没好处。就像当初将违背天命的亚当和夏娃逐出乐园一样, 耶和华

143

迫使该隐远离家园。此后,该隐尽管活了很久,父母却再也没见过他。

亚当和夏娃的生活很凄凉,小儿子死了,大儿子跑了。

他们又生了很多孩子。他俩死时已经很老了,他们一生承受了生活的磨难和家庭的不幸。(唉!吃一颗智慧果,竟要付出如此代价,上帝居心何在?)

渐渐地,亚当和夏娃的子孙们开始繁衍于世。他们东行、西往、北上进入山区,也南下消失于沙漠地带。

但是,该隐的罪孽也流传于世。从此,人们经常动手打架,互相残杀,互相偷窃;女孩独自出门也不安全,担心被邻村的小伙子绑走。

世界乱作一团,刚一开始就出了错。一切必须重来过,或许新一代会比较遵从耶和华的意愿。(为了一个人的意愿,就重新来过,未免太过残酷了吧!)

那时,有个人叫挪亚,是玛士撒拉(活了九百九十六岁)的孙子,属该隐和亚伯之弟塞特的后代。塞特是在那场家庭悲剧发生之后出生的。

挪亚是个好人。他与人为善,与他人相处和谐。如果人类要重新开始,挪亚是最合适的传宗接代者。

于是,耶和华决定让所有人毁灭,只留下挪亚一家。(好人毕竟不吃亏。)他令挪亚造一条船。船长四百五十英尺,宽七十五英尺,高四十三英尺,跟现代的远洋轮差不多大。难以想象,挪亚只用木头如何造出这么大的船?

不论困难多大,挪亚和儿子们造船的决心已定。邻居们站在一旁看笑话:方圆千里既没河也没海,造船干什么?真是好笑!

挪亚和他忠实的工匠们白天黑夜地干。他们用巨大的柏树木做龙骨,船舷两边抹上松脂,以保持干燥。在船的第三层甲板上盖了个屋顶,屋顶用厚木板制成以抵挡即将降临于恶世的暴雨。

然后,挪亚及其全家(三个儿子和三个儿媳)准备启程。他们漫山遍野地去搜寻动物,一来可作食品,二来可在重登陆地时作祭品。

打猎持续了整整一个星期。方舟(那条船的名字)里充满各种奇异生灵的喧闹声。它们在笼中烦躁不安,胡乱撕咬。当然,鱼不必带了,它们在水中会安然无恙的。

第七天的傍晚,挪亚全家登上了方舟,收起跳板,紧闭舱门。

半夜,开始下雨,不停地连降四十个昼夜。大地一片汪洋,方舟中的挪亚及其跟随者,成了这场可怕洪水过后仅有的生命。

然后,耶和华大发慈悲。狂风吹散了乌云,阳光重新照耀着翻滚的波浪,如同创世之初一样。

挪亚小心翼翼地打开窗户向外张望。他的船静静地漂荡在无边的水面上,看不到陆地。

挪亚放出一只乌鸦,可是它又飞了回来。他接着又放出一只鸽子(鸽子比任何鸟都飞得远)。但可怜的小生灵也找不到树枝栖息,又飞回了方舟,挪亚将它放回笼中。

一星期之后,挪亚又把鸽子放出去,它整天未归。傍晚时分,鸽子飞回来了!嘴里衔着一根新鲜的橄榄枝。显然,水已经渐渐消退了。

又一个星期过去了,挪亚第三次放出鸽子。它没有回来,这是个好兆头。不久,船身突然一阵颤动,挪亚明白碰到陆地了。方舟停在亚拉腊山上,此山今属亚美尼亚国。

次日,挪亚一登上岸,立即宰杀动物,搭建祭坛。看哪! 天空出现了一道巨大的彩虹,这是耶和华赐福给忠实仆人的立约信号。

此后,挪亚和他的儿子们:闪、含、雅弗以及妻子再次成了农夫和牧民。他们与妻子儿女们,还有家畜过着平静的日子。

但是,刚刚过去的这次大灾是否给他们以教训,大可怀疑。因为发生了这样的事情:挪亚经营着葡萄园,并自酿美酒,有时他会失去理智,喝得太多,行为就跟那些一般酒鬼没什么区别了。(酒则乱性,原来古训由此始。) 两个儿子深为老父的行径感到难堪,自己尽力保持行为端正。可是,第三个儿子含,却以此事为乐,极不明智地大笑起来。挪亚醒来后,颇为生气,将含赶出了家门。

此后,关于挪亚的传说很少。听说他的一个后裔宁禄以善猎著称。但《圣经》上也没有记载闪和雅弗后来的事。

然而,他俩的儿子们却干了许多令耶和华不快的事。他们一度迁移到幼发拉底河流域,随后建立了巴比伦城。他们乐于住在这肥沃的地方,决定建座高塔作为本族所有部落聚集之地。于是,他们就开始烧砖、打基,准备大干。

但是,耶和华不愿他们终生固定在一个地方。整个世界都得有人住,不只是这个小小的平原。

当工匠们正在为建塔忙得不亦乐乎时,耶和华突然让他们说起了不同的语言。他们忘了自己原来的共同语言，一时间脚手架上响起叽里呱啦的各种话音。(原来使语言多样化的方法竟如此简单!)

试想如果工人、工头和建筑家们突然你说中国话，我讲荷兰语，他用俄语或玻利维亚语交谈时，这房子还怎么建?

于是，他们打消了聚集在一座塔下、形成一个国家的念头，很快分散到世界的各个角落。

简言之，这就是创世之初的故事。

读后悟语

曾经，我们很排斥宗教的说教，但作为一种文化，我们了解一下又如何呢?作为人类的起源，既然各家都不能自圆其说，那么，当做一个神话故事来欣赏又何妨呢?就当是欣赏人类童年时讲的故事吧。文章语言朴实，娓娓道来。

房龙的著述选择的题目基本是围绕人类生存发展最本质的问题，贯穿其中的精神是理性、宽容和进步，房龙对中国读者的影响是巨大的。读了本文以后，可以在课外搜集中国古代神话、佛教、伊斯兰教中关于人类起源的传说。

开头设问，以悬念来吸引读者，这就是所谓"引人入胜"了。

故事中有个第一人称的"我"不时穿插进来，这就是"说书人"了。

(叙事体裁中常见的现象。)

孔子的洒脱

周国平

我喜欢读闲书，即使是正经书，也不妨当闲书读。譬如说《论语》，林语堂把它当做孔子的闲谈读，读出了许多幽默，这种读法就很对我的胃口。近来我也闲翻这部圣人之言，发现孔子乃是一个相当洒脱的人。

在我的印象中，儒家文化一重事功，二重人伦，是一种很入世的文化。然而，作为儒家始祖的孔子，其实对于功利的态度颇为淡泊，对于伦理的态度又颇为灵活。(儒家积极入世，其实重在匡扶天下，治国安邦，而非谋取功名利禄。)这两方面，可以用两句话来代表，便是"君子不器"和"君子不仁"。

孔子是一个读书人。一般读书人寒窗苦读，心中都悬着一个目标，就是有朝一日成器，即成为某方面的专家，好在社会上混一个稳定的职业。说一个人不成器，就等于说他没出息，这是很忌讳的。孔子却坦然说，一个真正的人本来就是不成器的。也确实有人讥讽他博学而无所专长，他听了自嘲说，那么我就以赶马车为专长罢。(育人三千，贤者七十二，非专而何?)

其实，孔子对于读书有他自己的看法。他主张读书要从兴趣出发，不赞成为求知而求知的纯学术态度("知之者不如好之者，好之者不如乐之者")。他还主张读书是为了完善自己，鄙夷那种沽名钓誉的庸俗文人("古之学者为己，今之学者为人")。他一再强调，一个人重要的是要有真才实学，而无须在乎外在的名声和遭遇，类似于"不患莫己知，求为可知也"这样的话，《论语》中至少重复了四次。(这样的治学态度，必然会有超乎常人的治学境界，所以，孔子只有一个。)

　　"君子不器"这句话不仅说出了孔子的治学观,也说出了他的人生观。有一回,孔子和他的四个学生聊天,让他们谈谈自己的志向。其中三人分别表示想做军事家、经济家和外交家。唯有曾点说,他的理想是暮春三月,轻装出发,约了若干大小朋友,到河里游泳,在林下乘凉,一路唱歌回来。孔子听罢,喟然叹曰:"我和曾点想的一样。"(孔子一生奔波,流离坎坷,原来心中也有一个"田园山水"之梦。)圣人的这一叹,活泼泼地叹出了他的未染的性灵,使得两千年后一位最重性灵的文论家大受感动,竟改名"圣叹",以志纪念。人生在世,何必成个什么器,做个什么家呢,只要活得悠闲自在,岂非胜似一切?

　　学界大抵认为:"仁"是孔子思想的核心,至于什么是"仁",众说不一,但都不出伦理道德的范围。孔子重人伦是一个事实,不过他到底是一个聪明人,而一个人只要足够聪明,就决不会看不透一切伦理规范的相对性质。所以,"君子而不仁者有矣夫"这句话竟出自孔子之口,他不把"仁"看作理想人格的必备条件,也就不足怪了。有人把"仁"归结为忠恕两字,其实孔子决不主张愚忠和滥恕。他总是区别对待"邦有道"和"邦无道"两种情况,"邦无道"之时,能逃就逃 ("乘桴浮于海"),逃不了则少说话为好("言孙"),会装傻更妙("愚不可及"这个成语出自《论语》,其本义不是形容愚蠢透顶,而是孔子夸奖某人装傻装得高明极顶的话,相当于郑板桥的"难得糊涂")。(达则兼济天下,穷则独善其身,连独善的条件也被剥夺;那就三十六计"走"为上吧!)他也不像基督那样,当你的左脸挨打时,要你把右脸也送上去。有人问他该不该"以德报怨",他反问:那么用什么来报德呢?然后说,应该是用公正回报怨仇,用恩德回报恩德。(既然用"公正"来回报怨仇,自然是要说"罪恶"应该受到惩罚罗。孔子原也是性情中人呢。)

　　孔子实在是一个非常通情达理的人,他有常识,知分寸,丝毫没有偏执狂。"信"是他亲自规定的"仁"的内涵之一,然而他明明说:"言必信,行必果",乃是僵化小人的行径("轻轻然小人哉"),要害是那两个"必"字,毫无变通的余地,把这位老先生惹火了。他还反对遇事过分谨慎。我们常说"三思而后行",这句话也出自《论语》,只是孔子并不赞成,他说再思就可以了。

　　也许孔子还有不洒脱的地方,我举的只是一面。有这一面毕竟是令人高兴的,它使我可以放心承认孔子是一位够格的哲学家了,因为哲学家就是有智慧的人,而有智慧的人怎么会一点不洒脱呢?(历来,高处不胜寒,孔子身在高处,为万世师,如此通情达理,自非常人可比。)

读后悟语

　　读一个名人,我们习惯于先看外貌,再看德行的模式化的套路,但本文不就是跳出这个框框,从一个历史的角度来重新看待孔子吗?我们让人物剥尽圣洁的光环,我们要感受的是圣人平常的一面、真实的一面。中国的历史大抵"为贤者讳",因为地位的关系,所以把人物画得很美,很高大或者把人物看得很极端。想一想,在我们的生活中或是历史上,还有没有这样的事情、这样的人物。

　　写人何尝不可以"听其言""观其行"呢。本文在论述孔子的思想时,比较多地引用了《论语》中孔子的话语。所引的是脍炙人口的名言,名言有说服力,议论文中常用这种引证法。

庄子：在我们无路可走的时候

鲍鹏山

当一种美，美得让我们无所适从时，我们就会意识到自身的局限。"山阴道上，目不暇接"之时，我们不就能体验到我们渺小的心智与有限的感官无福消受这天赐的过多福祉么?读庄子，我们也往往被庄子拨弄得手足无措，有时只好手之舞之，足之蹈之。除此，我们还有什么方式来表达我们内心的感动?这位"天仙才子"(李鼎语)，他幻化无方，意出尘外，鬼话连篇，奇怪迭出。(奇人奇语，奇谈怪论，出常人之所不能出，大约只能归入"天仙才子"之列了。)他总在一些地方吓着我们，而等我们惊魂甫定，便会发现，呈现在我们面前的，是朝暾夕月，落崖惊风。我们的视界为之一开，我们的俗情为之一扫。同时，他永远有着我们不懂的地方，山重水复，柳暗花明;永远有着我们不曾涉及的境界，仰之弥高，钻之弥坚。(不懂，暗示着境界的高低有别。)"造化钟神秀"，造化把何等样的神秀聚焦在这个"槁项黄馘"的哲人身上啊?庄子钓于濮水。楚王使大夫二人往先焉。曰:"愿以境内累矣。"

先秦诸子，谁不想做官?"一朝权在手，便把令来行。""在其位，谋其政。""君子之仕，行其义也"。谁不想通过世俗的权力，来杠杆天下，实现自己的乌托邦之梦?庄子的机会来了，但庄子的心已冷了。这是一场有趣的情景:一边是濮水边心如澄澈秋水身如不系之舟的庄周先生，一边是身负楚王使命恭敬不怠颠沛以之的二大夫。两边谁更能享受生命的真乐趣?这可能是一个永远聚讼不已不能有统一志趣的话题。对幸福的理解太多样了。我的看法是，庄周们一定能掂出各级官僚们"威福"的分量，而大小官僚们永远不可能理解庄周们"闲福"对真正人生的意义。这有关对"自由"的价值评价。这也是一个似曾相识的情景——它使我们一下子就想到了距庄子700多年前渭水边上发生的一幕：80多岁的姜太公用直钩钓鱼，用意却在钓文王。他成功了。而比姜太公年轻得多的庄子(他死时也只有60来岁)，此时是真心真意地在钓鱼。(同样是钓鱼，太公心在社稷，庄子则心止于水。)且可能毫无诗意——他可能真的需要一条鱼来充实他的辘辘饥肠。庄子此时面临着双重诱惑：他的前面是清波粼粼的濮水以及水中从容不迫的游鱼，他的背后则是楚国的相位——楚威王要把境内的国事交给他了。大概楚威王也知道庄子的脾气，所以用了一个"累"字，只是庄子要不要这种"累"？多少人在这种累赘中体味到权力给人的充实感、成就感？这是生命中不能承受之"重"。

庄子持竿不顾。

好一个"不顾"！濮水的清波吸引了他，他无暇回头看身后的权势。他那么不经意地推掉了在俗人看来千载难逢的发达机遇。他把这看成了无聊的打扰。(同样是权力地位，一求一弃各得其所。)如果他学许由，他该跳进濮水洗洗他干瘪的耳朵了。大约怕惊走了在鱼钩边游荡试探的鱼，他没有这么做。从而也没有让这二位风尘仆仆的大夫太难堪。他只问了两位衣着锦绣的大夫一个似乎毫不相关的问题：楚国水田里的乌龟，它们是愿意到楚王那里，让楚王用精致的竹箱装着它，用丝绸的巾饰覆盖它，珍藏在宗庙里，用死来换取"留骨而贵"呢，还是愿意拖着尾巴在泥水里自由自在地活着呢？二位大夫此时倒很有一点正常人的心智，回答说："宁愿拖着尾巴在泥水中活着。"(庄子为文，善用譬喻，孟子也是如此。用类比的方式讲道理，是我们祖先的一种偏爱。)

庄子曰："往矣，吾将曳尾于涂中。"

你们走吧！我也是这样选择的。这则记载在《秋水》篇中的故事，不知会让多少人暗自惭愧汗颜。这是由超凡绝俗的大智慧中生长出来的清洁的精神，又由这种清洁的精神滋养出拒绝诱惑的惊人内力。(避开、拒绝世俗的诱惑，也要大智慧大勇气的。)当然，我们不能以此来要求心智不高内力不坚的芸芸众生，但我仍很高兴能看到在中国古代文人中有这样一个拒绝权势媒聘，坚决不合作的例子。是的，在一个文化屈从权势的传统中，庄子是一棵孤独的树，是一棵孤独地在深夜看守心灵月亮的树。当我们大都在黑夜里昧昧昏睡时，月亮为什么没有丢失？就是因为有了这样一两棵在清风夜唳的夜中独自看守月亮的树。(月亮没有丢失，精神的家园还在。)

一轮孤月之下一株孤独的树，这是一种不可企及的妩媚。

一部《庄子》，一言以蔽之，就是对人类的怜悯！庄子似因无情而坚强，实则因最多情而最虚弱！庄子是人类最脆弱的心灵，最温柔的心灵，最敏感因而也最易受到伤害的心灵……

胡文英这样说庄子：

庄子眼极冷，心肠极热。眼冷，故是非不管；心肠热，故感慨万端。虽知无用，而未能忘情，到底是热肠挂住；虽不能忘情，而终不下手，到底是冷眼看穿。

这是庄子自己的"哲学困境"。此时的庄子，徘徊两间，在内心的矛盾中作困兽之斗。他自己管不住自己，自己被自己纠缠而无计脱身，自己对自己无所适从无可奈何。他有蛇的冷酷犀利，更有鸽子的温柔宽仁。对人世间的种种荒唐与罪恶，他自知不能用书生的秃笔来与之叫阵，只好冷眼相看，但终于耿耿而不能释怀，于是，随着诸侯们剑锋的残忍到极致，他的笔锋也就荒唐到极致；因着世界黑暗到了极致，他的态度也就偏激到极致。天下污浊，不能用庄重正派的语言与之对话，只好以谬悠之说，荒唐之言，无端之辞来与之周旋。他好像在和这个世界比试谁更无赖，谁更无理，谁更无情，谁更无聊，谁更无所顾忌，谁更无所关爱。谁更赤条条来去无牵挂，从而谁更能破罐子破摔。谁更无正义无逻辑无方向无心肝——只是，我们谁看不出他满纸荒唐言中的一把辛酸泪？对这种充满血泪的怪诞与孤傲，我们又怎能不悚然面对肃然起敬油然生爱？(特立独行，绝不妥协。这就是庄子。满纸荒唐言中藏一把辛酸泪，原来圣人并未忘情。)

读后悟语

历来，庄子的散文更多地受到人们的称赞，庄子的思想，更多地被人斥为不宜。本文则向我们展示了庄子思想的价值以及他人格的魅力。一个文言故事被拆开，一段又一段地揭示庄子的精神世界，展示庄子人格的光辉。留给我们的是深深的启示：庄子的精神在这样一个物欲横流的世界里不正如那一轮明月一样，始终冷静清新，它引导我们坚守那一方精神家园。想一想，道家的思想中，还有些什么信息，能够引起我们深深地思索呢？

将抽象的事理形象化，是散文让人回味的原因之一。文中不说庄子如何如何坚守自己的精神家园，却说"庄子是一棵孤独的树，是一棵孤独地在深夜里看守心灵月亮的树"。形象鲜明、具体生动，使语言具有极强的表现力。

慧能——偈传衣钵

无名氏

湖北黄梅东山有一座东山禅寺。唐代,这儿是天下闻名的禅宗道场。相传达摩祖师来洛阳,在嵩山面壁九年,最后将佛祖心印传给了二祖慧可。后来慧可传僧璨,僧璨传道信,五传而至弘忍。四祖道信和五祖弘忍先后都曾在黄梅的东山寺弘扬禅学。他们所宏的宗风,在当时被称为"东山法门",一时东山法门名扬天下。

那天,东山寺僧众们个个神情严肃,一举一动都似乎有着一种郑重和庄严的感觉,好像在期待什么重大事情的来临。

大寮(寺院的厨房)里,诸执事僧众们默默地干着活,他们各司其职,有条不紊地忙碌着。其中有一个身材瘦小的行者(暂在寺院服杂役而尚未剃发出家者),在米房里一边踏石舂米,一边在默默地想着心事。当时谁也不会想,就是这么一个默默无闻的行者,日后却在中国佛教界石破天惊,开创了一个崭新的中国佛教宗派,成了中国佛教史上一个划时代的人物。他,就是后来被称为禅宗六祖的慧能大师。(有大成就者未尝不是其貌不扬。)

可是,此时的慧能大师,仅仅是黄梅东山寺厨房中一个服杂役的不起眼的行者而已,连最起码的比丘资格都还没得到。由于他俗家姓卢,因此大家都称他为卢行者。

卢行者本是河北范阳(今北京大兴县一带)人,因父亲仕途不利,被贬官岭南,因此他出生于广东的新州。少年时,他的父亲不幸亡故,只得和母亲相依为命。孤儿寡母,每日里就靠他上山砍柴,卖柴度日,维持生计,日子过得非常艰难。(成大事者,大都遭遇坎坷。)

这一天,他在集市上叫卖,有一顾客前来,将他的柴全部买下,并让他送到附近的店里。送完柴，正准备回家，忽然听得有人在诵读佛经。那抑扬顿挫的诵经声，顿时把他给吸引住了，他不由自主地停下脚步，站在一旁静静地聆听，只听那诵经者所念的经文中有"应无所住，而生其心"这一句，这时他心中突然一动，似乎若有所悟，便上前问那诵经者："请问客官，您这是在念什么经呢？"

"《金刚经》。"那客人告诉他。

"再请问客官，您这《金刚经》是从何而得？诵习此经有何好处？"

"我这经可来之不易啊，"客人告诉他，"你知道湖北黄梅吧，那儿有个东禅寺。东禅寺的弘忍大师，可是一个当代高僧呢。我这部经就是从他那儿得到的。常听弘忍大师对人说，只要熟读这部《金刚经》，弄懂经中所说之意，便可自见本性，得道成佛。因此千万不可小看了这部《金刚经》。"

慧能听那人如此这般一讲，就下定决心要去黄梅拜见弘忍大师。于是他匆匆回家安顿好母亲，就出发前往湖北。慧能来到湖北黄梅的东禅寺，正好那日弘忍升座说法。慧能上前参拜五祖，弘忍即问他："你是哪里人，到这儿来想干什么呢？"

"弟子来自岭南，"慧能答道，"来此不为别的，只求作佛。"

弘忍听他开口就说想求作佛，口气不小，就有意要挫一下他的锐气，便斥道："你是岭南未开化的野蛮人，凭什么就想到此成佛？"

没想到慧能一听，立即回答道："人虽然有南北之分，但佛性却无南北之别。我身虽然与和尚不同，但佛性又有什么区别呢?!"

弘忍听了一惊，心知此人绝不简单，定是锐根大器，说不定将来弘扬禅宗的重任就落在他的身上了。(窥斑见豹。)但目前不能让他锋芒太露，还得磨炼磨炼。于是就分他到磨房春米劈柴，干一些粗重的杂活。

转眼之间，慧能在此已有好几个月了。这几个月中，慧能除了春米劈柴外，每天还跟着大家做一些早晚功课。前几天，忽然听说弘忍大师传下话来，要弟子们各将自己修行的心得做一偈递上去，看谁对佛法领悟得深，就将衣钵传给谁。这一下大家又紧张又激动。谁都希望自己有此殊荣，但谁都不敢有此奢望，因此这几天寺内总是笼罩着一股神秘、紧张的气氛，从而更显得庄严而又肃穆。

这一天，慧能正在磨房春米，忽见一小沙弥从旁经过，口中念着一首偈诵：

身是菩提树，心如明镜台；

时时勤拂拭，勿使惹尘埃。

大意是：我的身体是一棵智慧之树，而我的内心则如光鉴明亮的宝镜，我要时时努力擦拭护养，刻刻去除人生烦恼，就可让智慧之树常青，使宝镜永不蒙尘。(偈虽好，但仍让人感到其中有一个隐隐的"我"在。)

慧能一听，连忙叫住那小沙弥："小师父，这是谁写的偈诵啊？"

"你连这也不知道！"那小沙弥显然有点瞧不起这个貌不出众，只是在磨房干一些杂役的行者。"这是神秀上座写的偈诵。前几天大师传下话来：说是世人生死事大，因而准备将衣法传于门下。大师要大家根据平时修行所得，各作一偈，如有合适的，就传下衣法，继任为六祖。全寺的师兄弟们都说，六祖之位，非神秀上座莫属。上座于南壁写下此无相之偈，大家都认为写得好，大师还让大家背诵此偈，说是依此修行，将来可免堕于恶道中。所以我们大家都在背诵此偈文呢！"

慧能听得此言，心中思量，此偈好虽是好，但仍未直见本心。便自己也作一偈，设法请人书于堂前：

菩提本无树，明镜亦非台；

本来无一物，何处惹尘埃！

大意是：人的身心，本来就是虚幻不实，何来智慧之树和明镜之台。如能懂得这个道理，即能断绝一切烦恼，又怎会使心智蒙尘呢?(这一偈，真是无"我"，纤尘不染。)

寺内僧众们见慧能作此偈诵，惊讶不已，一时议论纷纷。最后终于惊动了五祖弘忍大师。弘忍大师出来一看，心知慧能已经悟得佛性大意。但弘忍怕众人惊怪，为免慧能遭到无知小人之伤害，便将慧能之偈擦去，并命众生散去。

次日，弘忍来到磨房，看到慧能仍在那儿舂米，便说道："求法主人，应当为法而忘躯。不知你所舂之米是否熟了？"

慧能答道："米早已熟了，只是未筛过。"

弘忍听后，即以杖击碓三下而去。是时慧能机缘早熟，对五祖之意早已心领神会，知是要他今夜三更相见。于是便当夜三更，悄悄到五祖住室，五祖即授以《金刚经》。并叮嘱道："如不识本心，学法也无好处；若识得自己本心，即见自性，就可称为大夫、人天师、佛。"同时又授其大乘顿悟之法，以慧能为禅宗六祖，并传其衣钵，以为信凭。

这样，慧能以一偈之诵直入本心，当下见性，受五祖衣钵而继任为六祖。日后，慧能在曹溪大弘顿悟心法，其门下又有南岳、青原两系，再衍化为临济、曹洞、沩仰、云门、法眼诸宗，至宋以后而风行天下，成为中国佛教最有影响，也是最有特色的一大宗派。(法传其人，得其所哉。)

读后悟语

佛教是世界三大宗教之一，佛教对中国、中国历史、中国文化的影响是巨大的。佛教在中国也发展成多支不同的流派。六祖慧能的一支最有特色，本文以极其平实的语言介绍慧能出家前后以及得道传道的故事。从故事中，我们知道，做和尚是很要讲究悟性的，不但做和尚，做任何工作，有悟性总会是好的。悟性是智慧，做一个有悟性的人自然处世做事左右逢源。那么，学习中呢，你有体会吗？

禅宗故事有一种不染性灵的美，写人生话题的文章能适当引用些禅宗公案，此禅解理，别有一番清新宜人的意蕴。

一粒米，一亩田

林清玄

丰收的歌

有一次在山地部落听山地人唱"小米丰收歌"，感动得要落泪。

其实，我完全听不懂歌词，只听到对天地那至诚的祈祷、感恩、欢愉与歌颂，循环往复，一遍又一遍。

夜里，我独坐在村边，俯视那壮大沉默的山林，仰望着小米一样的星星，回味刚刚喝的小米酒的滋味，和小米麻薯的鲜美，感觉到心里仿佛有一粒小米，饱孕成熟了，这时我的泪才缓缓地落了下来。落下来的泪也是一粒小米，可以酿成抵御寒风的小米酒，也可以煮成清凉的小米粥，微笑地走过酷暑的山路。

星星是小米、泪是小米、世事是米粒微尘，人是沧海之一粟，呀，全天下就是一粒小米，一粒小米的体验也就是在体验整个天下。(拥有一粒小米，即是拥有一个世界。)

在孤单失意的时候，我就会想起，许多年前山地部落的黑夜，沉默的山林广场还在唱小米丰收歌，点着柔和的灯，灯也是米。

我其实很知道，我的小米从未失去，只是我也需要生命里的一些风雨，一些阳光，以及可以把小米酿酒、煮粥、做麻薯的温柔的心。

我的小米从未失去，我也希望天下人都不失去他们的小米。

那种希望没有歌词，只有至诚的祈祷、感恩、欢愉与歌颂。

循环往复。一遍又一遍。(记住小米，才能不忘根本。)

地瓜稀饭

吃一碗粥、喝一杯茶，细腻、尽心地进入粥与茶的滋味，说起来不难，其实不易。

那是由于有的人失去舌头的能力，有的人舌头太刁，都失去平常心了。

我喜欢在早上吃地瓜粥，但只有自己起得更早来熬粥，因为台北的早餐已经没有稀饭，连豆浆油条都快绝迹了，满街都是粗糙的咖啡牛奶、汉堡包与三明治。想一想，从前每天早晨吃稀饭，配酱菜、萝卜干、豆腐乳，是多么幸福的事呀。(过去的饭菜滋味好么？其实是出于一种怀旧之情罢了。)

那从困乏与饥饿中体验的真滋味，已经很久没有了。

百千粒米

是伪山灵佑的故事，有一次他的弟子石霜楚圆正在筛米，被灵佑看见了，说："这是施主的东西，不要抛散了。"

"我并没有抛散了。"石霜回答。

灵佑在地上捡起一粒米，说："你说没有抛散，那，这个是什么？"

石霜无言以对。

"你不要小看了这一粒米，百千粒米都是从这一粒生长出来的。"灵佑说。灵佑的教法真好，一个人通向菩提道，其实是与筛米无异，对一粒习气之米的轻忽，可能生出千百粒习气；对一粒清纯之米的珍惜，可以开展一亩福田。(防微杜渐从一粒米开始。)

蟑螂游泳

一只蟑螂掉进抽水马桶，在那里挣扎、翻泳，状甚惊惧恐慌。

我把它捞起来，放走，对它说："以后游泳的时候要小心喔。" 它称谢而去。

大小是相对而生的，对一只蟑螂，抽水马桶的一小撮水就是一个很大的湖泊了。(众生平等，无论大小，生命都是可贵的。拯救小生命，善亦莫大焉)。

吃馒头的方法

永春市场有山东人卖馒头,滋味甚美。

每天散步路过,我总是去买一个售价6元的馒头,刚从蒸笼取出,圆满、洁白、热腾腾的,充满了麦香。

一边散步回家,一边细细地品味一个馒头,有时到了忘我的境界,仿佛走在广阔的小麦田里,觉得一个馒头也让人感到特别的幸福。(甘其味,美其食,关键是要用心。用心品味生活。)

小小

小小,其实是很好的,饮杯小茶、哼首小曲、散个小步、看看小星小月、淋些小风小雨。或在小楼里,观看那些小花小木;或在小溪边,欣赏小鱼小虾。

也或许,和小小时候的小小情人在小小的巷子里,小小的擦肩而过,小小的对看一眼,各自牵着自己的小孩。

小小的欢喜里有小小的忧伤,小小的别离中有小小的缠绵。

人生的大起大落、大是大非,真的是小小的网所织成的。(小是大的源头。生活由无数小组成,珍惜小即是珍惜生活、珍惜幸福。)

读后悟语

生活中有许多细微之处,一粒米、一餐饭、一次小小善举,……许许多多的平常事组成了生活,许许多多的平常事中的幸福组成了生活的大幸福。让生活充满幸福也容易,只要我们带着一颗平常心、一颗童心去感受体味日常的幸福就够了。

写文章,不必惊天动地,不必激情四溢;小场面,小素材;以小见大。写好"小"其实是一种境界。

红尘之上

潘向黎

夕末,照例有许多贺年片飞来飞去,像候鸟一样。

飞向我的鸟儿,身上披着五彩缤纷的羽毛,还有无数的祝愿;从我手上飞走的鸟儿,却是小小一袭素羽,里面的话也简单,千篇一律的,写的是——

明月松间照,清泉石上流。

我的鸟儿太朴素,既不富贵气也不现代派。我让它就这样飞向你,愿你明白这一种真挚。

我想了很久,该在那洁白的羽毛上抹上什么颜色?那么多的友朋,不同的亲疏、不同的期待与理解,我写什么呢?我厌恶那种不分青红皂白的热情的句子,透着虚假、肉麻。我更不想用东洋、西洋的文字把我的鸟儿涂得七彩斑驳,光怪陆离。

面对等候起飞的白色鸟群,我竟微微凝眉沉思了。

仿佛一股清凉的气息拂来,一句遥远的诗句来到我心间。我微笑了,就是它吧。于是向每一袭羽毛抹上这淡远而润泽的墨痕。

我不禁想起你们那一张张熟悉的脸,想起我们在漠漠红尘中平淡或奇特的相遇,怎么交换第一朵微笑、第一瞬凝望,然后在彼此生命的画纸上留下深深浅浅、枯枯润润的痕迹。

明月松间照,清泉石上流。这是我向往的画面,我迷恋的音乐,把它送给你,你会明白吗?

给你,聪明而不安定的女孩。人生不可能有太多的狂喜大悲,在这里找不到的浪漫奇情,在别处、在远方也依然是海市蜃楼。流浪的日子是累人的,而你为此,已投掷了不少黄金韶华。真要把所有的青春千金一掷,作一次豪赌吗?为什么不回到起始的单纯?一切的一切,听其自然,如松间明月朗朗地照,如石上清泉涓涓地流,不好吗? 对你,这句诗是一种宁静、淡泊的人生态度,你喜欢吗?(委婉的批评,促使女孩回归淡泊宁静的人生。)

给你,我朝夕共事的朋友。我们原该相知很深的,但也许太熟悉了,反而无法真正沟通。一株柳树与一株水杉,栽得再近也无法彼此了解。但我们不是草木,我们为什么这样?真想让你明白:我无意于与人竞争什么,也不想在某个光圈中成为聚光点。我只想在自己的围墙之内,让我的心灵自由生长,迎风开出素淡的花。可我不能解释,因为那也许低看了你。

对你,这句诗是一种无须防范、了无芥蒂的默契。你会珍惜吗?(诚恳的解释,用以探寻一种和谐融洽的人际关系。)

给你,一个特别的男孩。在所有的感情中,你都无法安于一个角色,可大幕落下你又觉得孤寂难耐。你频繁地接近那些赏心悦目的女性,又时时告诫自己:你是不可能真正付出什么的。这种诱惑与抗拒的游戏,你把它当成一杯咖啡,先煮沸,再等它凉,苦的液体,加上糖,然后不冷不热,亦苦亦甜地啜饮。

对你,这句诗是一种单一洁净,不染尘埃的人间情怀。你能领悟吗?(善意的忠告,促请男孩专一用情。)

最后,给你,我亲爱的人。

我把这句诗直接寄上,连依托的翅膀都不用了。我想你知道,我多想走出这个千年好梦,找一段树根为枕,静静藉草而眠,让泉水在我身畔流淌,松针在我身上堆积。这时,我的心中只有一片安谧、温柔,不知道什么叫忧虑,什么叫复杂。连你我的名字也模糊了,如云如雾如烟如岚,在山间若隐若现地浮动。

对你,这句诗是什么?物我两忘、浑然天成的禅吗?仅仅是这样吗?(真挚的祝愿,展示最深沉的梦——物我两忘,浑然天成。)

我只知道,在十丈红尘之上,有这样一个去处,安宁、纯净、隽永,亘古不变。

于是向片片白羽抹上这淡远而润泽的墨痕:明月松间照,清泉石上流。

读后悟语

　　王维"明月松间照，清泉石上流"两句诗在作者的笔下，竟然成了对待人生的态度——或宁静淡泊，或了无芥蒂，或单一纯净，或物我两忘，浑然天成。作者借岁末的贺年片向红尘中的朋友们传达诚挚的祝愿和善意的忠告，也对一些朋友的错误人生态度提出了委婉含蓄的批评。

　　本文在结构上很有特色，在文章中间部分有几个段落，结构相同，排列而下，有回环之美。这几段开头都是：给你……对你……的形式，重复了四次。作文中可以借用这种形式，为文章结构增美。

学 生 作 品

　　构成生命的主要成分，并非事实和事件。它主要的成分是思想的风暴，它一生一世都在人的脑中吹袭。

——[美]马克·吐温

学会历史般的旁观

考 生

在蝶的眼中,花是天使,因为花给予她生命的甘露;

在花的眼中,蜂是挚友,因为蜂给予她生命的延续。

然而在蝶眼中,蜂不过是埋头苦干的笨蛋;在蜂眼中,蝶不过是游戏花间的浪子。

爱憎蒙住了理性的心。跳出爱憎,历史会还给我们一份真实的面目。

霸王骑着乌骓化为了鬼雄,虞姬将生命之花化作了矛尖的湛蓝,于是心被感动了。那殿上之君只不过是无耻小人,听听汉家小儿高唱"大风起兮云飞扬",就热血沸腾。

可是就是这个被唾骂的人建立了中华大地的一代霸业。没了他,哪来的张骞扶着驼铃走向天山的雪莲?没了他,哪来的卫青舞着旌旗奔向大漠的飞沙?

历史长河滚滚奔流,告诉我们——刘邦比项羽更有才能去成就一番霸业。(跳出情感的纠缠,客观地看历史人物的功过得失,刘邦被历史选择,还是有道理的。)

炀帝踏着龙舟走向江南的七月,黎民抱着妻小沿河悲恸,于是血被激怒了。那由南向北奔流的运河不再雄浑,那滔滔河水浸透了百姓的血泪。

可是就是这条劳民伤财的大运河,书写了大都的辉煌,托起了沿河的点点明珠之城。

历史的车轮滚滚向前,告诉我们——京杭大运河灭了一个隋朝,却也开辟了更辉煌的盛世。(隋炀帝虽然荒淫暴虐,但他的开拓精神给后代的影响是巨大的。)

人镜对着太宗云"水能载舟,亦能覆舟",开创贞观之治的盛世,于是双手挥舞着高呼"明君"、"伟人"。

可即使是这样一代明君,我们又怎能忘了玄武门前的血泊?

历史的高峰回响着一个声音:"再伟大的君王,他的身后也有白骨累累,血汗斑斑。"(不能因为贞观之治而看不到唐太宗残酷的一面。)

跳出爱憎后的我们,会有一双清澈灵动的心眼,环视世间一定会有新的认知,更加公正、更加客观。

以清澈的眼审视自己,对于任何过失,"有则改之,无则加勉";以灵动的心审视世界,对任何对错,保留一份最真实的了解。

给所有的事物一个旁观的眼神,让历史的车轮碾过额头,留下赞许的痕迹!

读后悟语

这篇文章在选取素材上很有特点。由自然物到人间事,由人事到言论,很有层次感。再者材料本身并不生疏,而作者在化用材料时,非常灵活,引得自然,自会贴切!

教师点评

文章的题目大约是由"当局者迷,旁观者清"一句得来,已经暗合"感情的亲疏与认知"这一话题了。历史的旁观,恰恰给人一种大气的感觉,而文章也确实从历史的高度对历史上的一些人物作了重新(清醒)的认识,角度新颖,另辟蹊径。而作者所给出的见解也相当确切,显然是经过一些思考的。

文章共有十五六个段落,材料的选择与安排,处理得很好,正面反面的,详写略写错落有致,点题扣题,语言表达也颇有功底。

理 性 的 美

考 生

　　感情如水,理性如冰。八分之一的冰块浮动在水上显现着庄重和威严,一任冰下蓝色的水漂荡,不减半点高雅,这是理性的美。

　　人非草木,岂能无情?但情感如佳期和迷梦,如朦胧的目光一样虚幻地笼罩在你的思绪中,但是纵使你有洞明一切的雪亮智慧的双眼也难在情感的月光下任目光驰骋鸟瞰。而理性,则是明艳的阳光,它慷慨地洒向宇宙空间,哪怕是枝叶繁生的丛林,哪怕是污浊游荡的大海,哪怕是遥远孤独的星球,都可以让你一睹宇宙的本色。阳光下的美是真实的!(理性本抽象,高明的作者总能化抽象为形象,比喻是最好的方法。)

　　或许诸官还为纠缠人心的家务事颦眉捋须,或许慈父正为过去疼爱的儿子而首鼠两端,或许朋友正为是否告发他那狗彘不如的朋友而思绪万千,情感如霜染了你的发,如皱纹老了你的脸,如苦药苦了你的舌,无情总被多情扰。(排出生活的细节来渲染情感之困。)如果放松你的大脑,有原则、有理性地抹去结在你窗前的细细蛛丝,擦去玻璃上的点点尘埃,你将会看到一个明艳的世界,那里山重水复处有柳暗花明,那是理性给了你翅膀,让你高飞,让你望远。理性总是潇洒而优雅地从你身边走过,他不像情感一扑一朔地踢你一脚,然后再给你一个稚气的鬼脸。理性是智慧的表现,只有智慧才称得上是最美的东西。

　　总喜欢史泰龙那一张冷静的脸,温暖而又深邃的目光总是平静地注视着远方,额上几条浅浅皱纹是思考的象征,脸上的皱纹写着坚毅的勇气,他成了我心目中理性的象征。他的一举一动都闪烁着理性的智慧。如果我们现实生活中每一个人都和他一样理性,这个世纪该是怎样的世界呀!能沉着、勇敢应付人生中的变数,处变不惊,有原则、熟练地运用自己的能力,这是理性美的内涵。(通过描写史泰龙引出理性美的内涵。)

也听一些短视的人说,这世界太冷,需要温度,需要感情。殊不知无聊地躁动是太感性,太缺乏理智,理智不等于冷,正如感情不等于温暖一样。理智是美的东西,一切美都是有温度的。理智的人也有感情,理智的思考也有局限和麻烦,只是有些理智只是所谓的理智,没有到达高的境界也就不会领悟到高层次的美,这双眼睛也因理性而显得与众不同:是脱俗的美,是成熟的美,是理智的美。(也没有忘记理性与感情的辩证关系。)

同学分析

本文的语言真是很好。形式整齐,音韵优美,有许多句子甚至就是高考语句仿写的绝佳材料。短短四五十分钟有如此精美的语言被创作出来,功夫之深,可以想见。

教师点评

这一篇文章吸引人的地方在于它的语言,在考场上短短的60分钟能写出这么精彩的文章,没有深厚的文学功底是不行的。它的语言表达体现出四个方面的特征:

一、语言精练,如"感情如水,理性如冰",八个字即形象地概括出理性与情感的特征;二、形象生动,如在解说理性的美时,不但能概括出理性美的特征,还能用冰山来比喻,"八分之一的冰块浮动在水上显现着庄重和威严,一任冰下蓝色的水飘荡,不减半点高雅"。如此生动的语言点题扣题,真是神来之笔。三、语句整齐,文中运用很多整齐的排比句,第二、三、五段都有一些很好的排比句,这些排比句使得语句表达极有气势。四、富含音韵如"放松你的大脑,有原则有理性地抹去你窗前的细细蛛丝,擦去玻璃上的点点尘埃,你将会看到一个明艳的世界,那里山穷水复处有柳暗花明,那是理性给了你翅膀,让你高飞,让你望远"。有一些语句很有哲理味道,其中浸润着作者对生活的思考与理解。

诗意地栖居

考 生

　　"你选择了什么,你就成了什么。"哲人在淡淡地微笑着。于是,有了负重一生的小蜗牛,也有了逍遥一世的沙鸥。

　　在二战集中营里,一个叫玛莎的小女孩写了一首诗:我要节省/我没有钱可以节省/我要节省力量和勇气/使它们可以支持我很长时间/我要节省我的生命,我的灵魂,我的精神的火/我还需要它们很长时间/在这风暴肆虐的日子里/这些上帝的礼物/我将很快死去,一旦我失去了它们。

　　每当我想起这首诗,鼻子总忍不住发酸。当潘多拉打开罪恶的盒子,一切灾难向人类袭来时,一个朝不保夕的脆弱的小女孩,她选择了坚强,选择了活的希望。(用心灵去选择,选择生命,选择希望。)

　　人生是一袭华美的袍,上面爬满了蚤。人生的确不可能是一条坦途。悲伤与灾难的黑乌鸦时时在你头上盘旋,绝望的死水常常挡住你的去路。是躺下来哀叹命运的不公,还是选择摆渡自己的渡船?史铁生找了一只"写作"的渡船,霍金打造了一条思考的渡船,他们选择了摆渡苦难,因此他们又踏上了繁花似锦的人生大道。(正确的选择未必不能改变人生。)

　　有人说:"一个人不可能既侍奉金钱,又去当上帝的仆人。"它揭示了一个道理:在许多情况下,人要么选择物质上的富有,要么选择精神上的高尚,这两者不可得兼。比尔·盖茨从哈佛中途退学经商,成为世界首富,世人顶礼膜拜的榜样。可他想参加哈佛校友聚会,却遭到了部分校友的拒绝,原因是他中途退学,不配称作哈佛人。在这物欲横流的世界里,我们更需要精神上的一块净土,供我们诗意地栖居。哈佛校友选择了精神上的高贵,这也应该是我们的选择。(物质上的富有,不能代替精神上的富有。)

　　既然必须得选择,那么就让我们选择一栋精神上的小屋,用希望、坚强、勇敢、自信……这些人间的美德来装饰它;选择泊在小屋边那摆渡苦难的渡船,让我们的灵魂可以在这功利的世界里,有一处诗意的栖息地。

同学分析

　　题目非常美,小女孩的诗很感人,所用的比喻形象生动:蜗牛、沙鸥、华美的袍、蚤、渡船这些喻体在文中颇有特色。比尔·盖茨的例子很典型,很有表现力。

教师点评

　　诗意地栖居,多么动人的境界,这是哲人诗人曾经的向往,然而在文中它成了作者心灵的选择,作为一种人生态度,它比那些具体而微的事情要高远得多,在立意上如此有境界,是本文的特色。通过集中营里的一个小女孩在苦难环境下对未来生活的憧憬,以及以这憧憬来支持自己活下去的动力,让人感慨万千。也让人对物欲横流的现实社会产生深深地思索,呼唤人们保持心灵的纯洁和高贵。

拷问灵魂

考 生

拷问意志,拷问良心,拷问你做人的准则,请问:你能坚持多久?

——题记

天真无邪的孩子说:"心灵的选择是把售货员阿姨找错的零钱送回去一样简单。"初涉人世的青年说:"心灵的选择是面对高禄毫不动心,有铁一般的意志。"垂暮之年的老者说:"心灵的选择是昔日的竞争对手落魄不堪时尽力拉他一把的宽容。"(同样的问题,不同年龄的人会有不同的回答,三个句子铺排而下。)

九月菊选择在万物凋零秋风肃杀的季节开放,需要多大的勇气来装点这个季节,不与桃李争艳,不与牡丹比香,为的是不让这个季节冷落。高尚心灵的选择。(以植物为例,道理从自然界来。)

骆驼不瞻望大海,不远眺草原,不梦想森林,一心一意划行在沙漠之海。为了人类行进中的方便,它甘愿自己寂寞地留在茫茫无尽的沙漠而无半句怨言。奉献心灵的选择。(以动物为例,层次上有所提升。)

那个流传千年的童话是否记得?母亲为了儿子不因饥渴而死,用自己的鲜血浇灌结有果实的树木。当儿子醒来寻找母亲,母亲已长眠于山冈,而满山的树丛也都变成血一样的红色,夺目耀眼。哪一个母亲不疼爱自己的孩子?宁肯牺牲自己。慈爱心灵的选择。(以人类为例,由物及人符合逻辑。)

纽约街头那名潜逃的罪犯面对手中的人质———名即将临盆的孕妇,毅然放下屠刀,立地成佛。当婴儿的啼哭声响在耳边时,他终于松了一口气:"一个多么可爱的小生命！"生命的力量震撼每一个人。而那名罪犯的选择又是多么明智的举措。良知未泯心灵的选择。(典型的事例举例有二者，一种是列举事例，一种是典型举例。)

独自从这壁断崖翻过，那是一个不可能实现的梦想。想使种族不灭，就得牺牲。那群老斑羚的选择又需要多大的勇气——做年轻羚羊的垫脚石坠入深不可测的峡谷而粉身碎骨。一场生与死的真正较量。所有的羚羊都是那么从从容容走向断崖。大无畏心灵的选择。(再补充一个事例，斑羚飞渡。)

心灵的选择源于灵魂的拷问。在这个日益商品化、物欲横流的社会，面对大街上的坏人坏事你出手相助了吗？面对弄脏了你的衣服摔倒的小男孩，你出手相扶了吗？面对贫困山区那些孤苦伶仃的孩子，你解囊相帮了吗？(回归现实联系实际，这样文章才有深度。)

"人之初，性本善"。让你的心灵来选择，让你平凡的名字被大家永记，使你心灵的两片羽翼都光彩夺目。

一次心灵的选择是一次生命质量的提高，这是亘古不变的真理。(深化主题。)

同学分析

这篇文章是非常典型的应试作文，难为作者能在一个小时内奉献出如此的精品。构思上是精巧的，有题记、侧卫主题，结尾近乎名句，升华主题。语言老练，思路非常清晰。

教师点评

这篇文章比较有特点的地方在于对材料的安排及立意的处理上，如第一段，在写对心灵的选择的回答时，按照三个不同的年龄来组织材料，显示天真无邪的孩子，再是初涉人世的青年，最后是垂暮之年的老者，这样一种层进式排列，使得文章条理非常清晰。接下来的第二三四段在展开题旨时又举了三个方面的例子,先是植物(九月菊),再是动物(骆驼),最后是人类(母亲),这样布局是精心设计的。材料的选择从整体上又各有侧重各有自己的角度,分别为诚实、宽容、奉献、慈爱、良知等。这样安排材料,就使文章的结构浑然一体,无懈可击。

他们都选择了明月

考 生

　　佛典中记载了这样一个关于心灵选择的故事:有位老禅师住在深山中,一日他很晚才踏着月光回家,到家时发现有个小偷正在光顾他家。老禅师初见之时起了些微嗔怪之意,想将小偷抓住,但是佛法的教诲令他放弃了这个念头,他选择了仁慈与宽容:脱下身上的长袍,静静地候在门外。等小偷出来之时,老禅师对小偷说:"你大老远来看我,可我实在穷,没什么好让你拿的,就把这件长袍送你吧。"说着便将长袍塞在小偷手中。小偷有些惊慌,抓住长袍跑了。老禅师看着小偷远去的背影,又看看头上的明月,叹了口气说:"但愿我能将这轮明月送给他。"第二天,当老禅师打开门时,发现他的长袍整整齐齐叠放在门口,老禅师庆幸自己选择了仁慈,说道:"我终于送了一轮明月给他。"(以一个禅宗故事引出话题,别开生面,神话、童话也有这个功能。)

　　是的,他们两人都选择了明月,同时也得到了明月。老禅师选择的明月,叫宽容,于是他让一个心存恶念的人变得善良,在佛教看来,等于施了无量功德;小偷选择的明月,叫悔悟,由一个步入歪道的人重新变得正直,在佛教看来,等于"放下屠刀,立地成佛"。生命中,太需要这种拥有明月光辉的心灵选择。(把月亮由实变虚,让月亮作载体,承载道德取向。记住,举一反三哦!)

　　孟子在生与死的选择中,毅然选择了后者,于是我们说他选择了正义的明月。俞伯牙在钟子期过世后选择了永不弹琴来纪念友人,于是我们说他选择了象征友谊的明月。孙犁在富贵与艺术之间选择了过清贫的生活以磨炼自己的文学艺术,于是我们说他选择了不断追求进取的明月。他们,都在心灵的天平上,选择了美好,选择了光辉。也因此,他

173

们的选择成为了天上的一轮明月，永远照耀人的心灵。

倘若我们都能捧上一轮皎洁的明月，让温柔、宁静的光华笼罩着我们，让我们的心灵，都能披上祥和、平静的裳衣……那么，所有的金钱、地位、权利、名望又算得了什么呢？只要我们心中包孕着一轮明月，我们便拥有了无价的财富。(大而化之。)

在纸醉金迷、利益至上的社会里，我们更要摆正自己心灵的天平，用理性和智慧的砝码去称量物欲的卑微，去体量明月的可贵，作出对得起心灵和神明的选择。也许，这很困难。但在面临这种选择时，请想一想老禅师，想想故事中的小偷，想想孟子……他们何以能成千古佳话，彪炳于世？因为他们都选择了明月。(回归现实深化主题。)

同学分析

月亮是个好东西。我们从《庄子：在我们走投无路的时候》已经学习了月亮的这种寓意。本文的月也用得非常好，有着多种内涵。小偷有小偷的月亮，老禅师有老禅师的月亮，不管具体指代什么，月亮都照亮人们的心灵。

教师点评

从一个佛教故事入手展开话题，扑面而来的就是这样的一种清新怡人的气息。也显出立意的高远脱俗。作者并没有止于举例，又从这个"明月"故事引申开去，把月亮的内涵由实化虚，赋予它以许多新的内涵。于是选择"明月"的动机是一样的，但具体内涵是不一致的。老禅师选择了"仁慈与宽容"，小偷选择了"悔过与自新"，孟子选择了正义，俞伯牙选择了友谊，孙犁选择了不断进取。这种拓展是有深度的，也是很高明的。文章结尾点题，首尾照应，语言表达也显示出作者不俗的文学素养。

太阳花般科学狂

仁心仁义

　　抗"非典"斗士钟南山先生说：人不仅仅活在现实中，还要活在理想中；

　　《圣经》上也说：人不只是靠吃粮食活着的。

　　爱国家，爱民族是一种理想，是一种精神。爱国是行动，不是口号。

　　我们不能自欺，也不能欺人；不能自卑，也不能自傲。

　　为理想奋斗，为理想活着，为中华民族的复兴努力！

　　选文一是"大人"大义，写大人物或者是大人物所写也谐"大仁大义"；二是"微言"大义，写平凡人或平凡人所写；三是"小心"大义，即学生习作，"小小的心"抒写的是爱国情怀，所以叫"大义"。

名篇赏析

　　理想是指路明灯。没有理想,就没有坚定的方向;没有方向,就没有生活。

——[俄]列夫·托尔斯泰

门　槛

屠格涅夫

我看见一座大楼。

正面一道窄门敞开。门里一片阴森的黑暗。高高的门槛前站着一位姑娘……一位俄罗斯的姑娘。

望不透的黑暗中散发着寒气，随着寒气，从大楼深处传来一个慢吞吞的、不响亮的声音：

"啊，你要跨进这道门槛来吗?你知道里面有什么在等着你?"

"我知道。"姑娘这样回答。

"寒冷，饥饿，憎恨，嘲笑，蔑视，侮辱，监狱，疾病，甚至于死亡?"(革命者面临的危险。)

"我知道。"

"跟人们疏远，完全的孤独?"

"我知道……我准备好了。我要忍受一切的痛苦，一切的打击。"

"这些痛苦，这些打击不仅来自你的敌人，而且来自你的亲人，你的朋友?"(亲人、朋友的不理解。)

"是……就是从他们那里来的，我也要忍受。"

"好。你准备牺牲吗?"

"是。"

"你准备着无名的牺牲吗?你会死去——没有一个人……甚至没有一个人会知道，他尊敬地怀念的是谁……"

"我不要人感激，不要人怜悯。我也不需要名声。"（真正的、伟大的革命者思想。）

"你还准备犯罪？"

姑娘埋下了头……

"我也准备去犯罪。"

声音停了一会，然后又问下去。

"你知道吗，"那声音最后说，"将来你会不再相信你现在这个信仰，你会认为自己受了骗，白白地毁了你的年轻的生命？"

"这我也知道。然而我还是要进来。"

"进来吧！"

姑娘跨进了门槛——厚厚的门帘在她身后立刻放了下来。（"门槛"象征什么？）

"一个傻瓜！"有人在后面咬牙切齿地咒骂。

"一位圣人！"不知从什么地方传来这一声回答。

读后悟语

象征是一种写作手法。用具体的事物表现某种特殊的意义。如我们常用火炬象征革命，本文也用了这样的手法。

我们写一个人，有时写他的外貌；有时写他的心理活动；有时写他的行动，这里是用语言来写"俄罗斯的姑娘"。想想看，对话表现了姑娘怎样的性格？

甘 地*

李 蔚

甘地之于印度,就如孙中山之于中国——人们称他们为"国父"。

甘地其貌不扬,个子矮小,身上总是只缠着一块自己纺纱织成的土布,他曾在1931年就这样去见英国统治者;在1947年也是这样去和印度副王进行有关印度独立的谈判。甘地没有头衔、没有官职,英国人发给他的勋章被他退回。他曾领导过国大党,但在历岁时他就宣布从国大党退休了,以专心致力于社会改革工作。他鄙视权力和荣誉,关心的只是做他应当做的事情:争取印度独立;进行社会改革;促进民族团结;取消对贱民阶层的歧视,及至宣传不随地吐痰和大小便等,并且能把小事做得和大事一样认真。(小就是大,大就是小,你明白这个道理吗?)甘地在南非当律师时曾有一年五千英镑的可观收入,但后来他几乎是一无所有,全部财产仅仅是一部《薄伽梵歌》、一套白铁餐具、一尊象征教祖的三只猴子的小雕像和一只用细绳系在腰部的旧怀表。

甘地没有建立自己的思想体系——他的思想很简单:爱和非暴力。他超越于各宗教教派的差异,看到它们中共同的东西,他经常在祈祷会上念一段印度教经典《薄伽梵歌》,又念一段《古兰经》,又引述耶稣的话。他重视给普通人写信超过对写他的著作的重视。他读书也不是很多——仔细读过的书只有三部:英国罗斯金的《给那后来者》、美国梭罗

---

*甘地,印度的国父。爱因斯坦曾经说过:"几十年后,人们不会相信,我们的世界上曾经有过甘地这样一个人。"回想甘地的思想:爱与非暴力。再反观我们现在的世界,你相信世界上曾经有过甘地这样一个人吗?

的《公民的不服从》和俄国托尔斯泰的《天国在你心中》,但每本书都对他产生了影响。甘地智力平常,大学时因成绩不佳而辍学回家,他自英国留学刚回到印度后的律师业务也并不成功。(读书不是装门面,要学有所用。)

然而,就是这样一个普通的人,却创造了一个奇迹:感召和引导着印度人民通过几十年不屈不挠的非暴力斗争,终于从英国人手中赢回了自己的国家。(想一想,这个成就是怎样来的?)

甘地与印度的土地、传统有着深刻的联系,他能真切地感受到百姓的需要。有一次,他在冬夜的火炉边却依然冷得发抖,他叫身旁的人去看看外面,外面果然有一个冻得要死的穷人,于是马上将其迁入屋内。他出门坐火车总是坐三等车厢,他到伦敦也好,到印度各都市也好,常常是住在贫民区里,他的住处总是向人们开放。(对天下苍生的爱。)

甘地取得了世界性的声誉,但他没有理会这些,他只是信奉他的真理,做他该做的事情。当1947年8月14日—15日的午夜印度宣布独立时,作为缔造者的他,并没有出现在开国大典上,而是在加尔各答的贫民区里,在纺过每天必纺的纱之后,甘地躺在一块椰树叶编成的席子上睡下了。当午夜12点的钟声敲响,当印度初次领略独立和自由,甘地正在沉睡,身边放着一双木底鞋、一本《薄伽梵歌》、一副假牙和一副铁框眼镜。

这年的10月2日是他的78岁生日,印度与世界到处在庆祝,电台录制了祝贺他生日的专题节目,但他拒绝收听,而是继续一面纺纱,一面默祷,在纺车的有节奏的咯咯声中,聆听"人世间微弱而凄惨的哀怨声"。

甘地来到加尔各答,来到德里,想要以爱的精神平息印度教徒与穆斯林之间的教派冲突。除了爱,他没有别的武器。他到处走访、祈祷、演说,忍受不理解的人们的辱骂和骚乱,他最后的办法是绝食——"汝行乎,吾死"。他的精神终于感染和震撼了人们,加尔各答出现了和平的景象。这样,在同样是印穆聚居的印度北部的旁遮普省,5.5万名军人没有做到的事情(制止宗教骚乱),却在这座250万人口的、历史上最倔强、最血腥的城里,由一个手无寸铁的老人做到了。这就是著名的"加尔各答奇迹"。

甘地一生被捕多次,在狱中整整度过了6个春秋,其中249天在南非的监狱,2089天在印度的英国殖民者的监狱。甘地一生有16次绝食,其中有两次是绝食3周,只喝一点水。他多次在绝食中濒于死亡。甘地如此谈到自己吃苦的意义:"我们只受打,不还拳,我们用自己的痛苦使他们觉察到自己的不义,这样我们免不了要吃苦,一切斗争都是要吃苦的!"自己受苦意味着对人的信任和希望,意味着对人性中某种善端的尊重。这也是一条自我忏悔,自我纯洁之路。最后,"如果你是正确的,你就会在经受重重痛苦之后取得胜利,如果你错了,那么受打击的只是你个人而已"。(佛教里"我不下地狱,谁下地狱?"的博大精神。)

79岁的时候,甘地准备徒步穿过旁遮普省的大地,前往从同一母体诞生的另一国家——巴基斯坦,一路宣讲和平的福音,然而,在他成行之前,他被一个印度教极端分子枪杀。

读后悟语

为伟大人物作传,却没有华丽的词句。这是因为甘地是伟大的平凡,伟大的朴素。文章的语言符合人物的性格特征,在平静的记叙中融入了深厚的情感。

甘地是一位实践家。所以文章也以记叙他的事迹为主。

独立宣言*

第二次大陆会议

一七七六年七月四日

美利坚合众国十三个州一致通过的独立宣言

富兰克林

　　我们认为下面这些真理是不言而喻的:人人生而平等,造物者赋予他们若干不可剥夺的权利,其中包括生命权、自由权和追求幸福的权利。(政府是"守夜人"。)为了保障这些权利,人类才在他们之间建立政府,而政府之正当权力,是经被治理者的同意而产生的。当任何形式的政府对这些目标具破坏作用时,人民便有权力改变或废除它,以建立一个新的政府;其赖以奠基的原则,其组织权力的方式,务使人民认为唯有这样才最可能获得他们的安全和幸福。为了慎重起见,成立多年的政府,是不应当由于轻微和短暂的原因而予以变更的。过去的一切经验也都说明,任何苦难,只要是尚能忍受,人类都宁愿容忍,而无意为了本身的权益便废除他们久已习惯了的政府。但是,当追逐同一目标的一

---

　　*美国是一个没有历史的国家。在美国,十年前的一本书就可以称为文物。

　　确实,从1776年的《独立宣言》出现到今天也不过短短的228年历史,还没有中国清朝的历史长。

　　可就是这样的一个年轻的国度,独立之前就以自己的智慧指出了人类的许多政治箴言:人人生而平等;政府的权力要经人民同意后才能有……还有一句很朴素的话:和我们作战,就是敌人;和我们和好,就是朋友。

连串滥用职权和强取豪夺发生,证明政府企图把人民置于专制统治之下时,那么人民就有权利,也有义务推翻这个政府,并为他们未来的安全建立新的保障——这就是这些殖民地过去逆来顺受的情况,也是它们现在不得不改变以前政府制度的原因。当今大不列颠国王的历史,是接连不断的伤天害理和强取豪夺的历史,这些暴行的唯一目标,就是想在这些州建立专制的暴政。为了证明所言属实,现把下列事实向公正的世界宣布——(用事实说话,比什么都强。)

他拒绝批准对公众利益最有益、最必要的法律。

他禁止他的总督们批准迫切而极为必要的法律,要不就把这些法律搁置起来暂不生效,等待他的同意;而一旦这些法律被搁置起来,他对它们就完全置之不理。

他拒绝批准便利广大地区人民的其他法律,除非那些人民情愿放弃自己在立法机关中的代表权;但这种权利对他们有无法估量的价值,而且只有暴君才畏惧这种权利。他把各州立法团体召集到异乎寻常的、极为不便的、远离它们档案库的地方去开会,唯一的目的是使他们疲于奔命,不得不顾从他的意旨。

他一再解散各州的议会,因为它们以无畏的坚毅态度反对他侵犯人民的权利。他在解散各州议会之后,又长期拒绝另选新议会;但立法权是无法取消的,因此这项权力仍由一般人民来行使。其实各州仍然处于危险的境地,既有外来侵略之患,又有发生内乱之忧。

他竭力抑制我们各州增加人口;为此目的,他阻挠外国人入籍法的通过,拒绝批准其他鼓励外国人移居各州的法律,并提高分配新土地的条件。

他拒绝批准建立司法权力的法律,借以阻挠司法工作的推行。

他把法官的任期、薪金数额和支付,完全置于他个人意志的支配之下。

他建立新官署。派遣大批官员,骚扰我们人民,并耗尽人民必要的生活物质。

他在和平时期,未经我们的立法机关同意,就在我们中间维持常备军。

他力图使军队独立于民政之外,并凌驾于民政之上。

他同某些人勾结起来把我们置于一种不适合我们的体制且不为我们的法律所承认的管辖之下;他还批准那些人炮制的各种伪法案来达到以下目的:

在我们中间驻扎大批武装部队;

用假审讯来包庇他们,使他们杀害我们各州居民而仍然逍遥法外;

切断我们同世界各地的贸易；

未经我们同意便向我们强行征税；

在许多案件中剥夺我们享有陪审制的权益；

罗织罪名押送我们到海外去受审；

在一个邻省废除英国的自由法制，在那里建立专制政府，并扩大该省的疆界，企图把该省变成既是一个样板又是一个得心应手的工具，以便进而向这里的各殖民地推行同样的极权统治；

取消我们的宪章，废除我们最宝贵的法律，并且根本上改变我们各州政府的形式；

中止我们自己的立法机关行使权力，宣称他们自己有权就一切事宜为我们制定法律。

他宣布我们已不属他保护之列，并对我们作战，从而放弃了在这里的政务。

他在我们的海域大肆掠夺，蹂躏我们沿海地区，焚烧我们的城镇，残害我们人民的生命。

他此时正在运送大批外国佣兵来完成屠杀、破坏和肆虐的勾当，这种勾当早就开始，其残酷卑劣甚至在最野蛮的时代都难以找到先例。他完全不配作为一个文明国家的元首。

他在公海上俘虏我们的同胞，强迫他们拿起武器来反对自己的国家，成为残杀自己亲人和朋友的刽子手，或是死于自己的亲人和朋友的手下。

他在我们中间煽动内乱，并且竭力挑唆那些残酷无情、没有开化的印第安人来杀掠我们边疆的居民；而众所周知，印第安人的作战规律是不分男女老幼，一律格杀勿论的。

在这些压迫的每一阶段中，我们都是用最谦卑的言辞请求改善；但屡次请求所得到的答复是屡次遭受损害。一个君主，当他的品格已打上了暴君行为的烙印时，是不配做自由人民的统治者的。

我们不是没有顾念我们英国的弟兄。我们时常提醒他们，他们的立法机关企图把无理的管辖权横加到我们的头上。我们也曾把我们移民来这里和在这里定居的情形告诉他们。我们曾经向他们天生的正义善感和雅量呼吁，我们恳求他们念在同种同宗的分上，弃绝这些掠夺行为，以免影响彼此的关系和往来。(先礼后兵。)但是他们对于这种正义和血缘的呼声，也同样充耳不闻。因此，我们实在不得不宣布和他们脱离，并且以对待世界上其他民族一样的态度对待他们：和我们作战，就是敌人；和我们和好，就是朋友。(最朴素的话。)

因此,我们,在大陆会议下集会的美利坚合众国代表,以各殖民地善良人民的名义,非经他们授权,向全世界最崇高的正义呼吁,说明我们的严正意向,同时郑重宣布:这些联合一致的殖民地从此是自由和独立的国家,并且按其权利也必须是自由和独立的国家,它们取消一切对英国王室效忠的义务,它们和大不列颠国家之间的一切政治关系从此全部断绝,而且必须断绝;作为自由独立的国家,它们完全有权宣战、缔合、结盟、通商和采取独立国家有权采取的一切行动。

为了支持这篇宣言,我们坚决信赖上帝的庇佑,以我们的生命、我们的财产和我们神圣的名誉,彼此宣誓。

读后悟语

宣言是向别人表明自己的立场。要讲道理,也要列举事实支持自己的观点。本文是宣言的典范,开始说许多真理不言而喻,接着列举事实说明英国兄弟违反了真理。因此要独立,环环相扣,有理有节。

热血、辛劳、眼泪和汗水

丘吉尔演讲节选

[英]丘吉尔*

星期五晚上，我接受了英王陛下的委托，组织新政府。这次组阁，应包括所有的政党，既有支持上届政府的政党，也有上届政府的反对党，显而易见，这是议会和国家的希望与意愿。我已完成了此项任务中最重要的部分。战时内阁业已成立，由5位阁员组成，其中包括反对党的自由主义者，代表了举国一致的团结。三党领袖已经同意加入战时内阁，或者担任国家高级行政职务。三军指挥机构已加以充实。(如同中国的抗日民族统一战线。)由于事态发展的极端紧迫感和严重性，仅仅用一天时间完成此项任务，是完全必要的。其他许多重要职位已在昨天任命。我将在今天晚上向英王陛下呈递补充名单，并希望于明日一天完成对政府主要大臣的任命。其他一些大臣的任命，虽然通常需要更多一点的时间，但是，我相信会议再次开会时，我的这项任务将告完成，而且本届政府在各方面都将是完整无缺的。

我认为，向下院建议在今天开会是符合公众利益的。议长先生同意这个建议，并根据下院决议所授予他的权力，采取了必要的步骤。今天议程结束时，建议下院休会到5月

*1940年5月，丘吉尔在英国遭到希特勒猛烈空袭的情况下，临危受命，担任英国首相，领导英国人民抵御法西斯的进攻。这是他在完成新政府的组建后发表的演讲，鼓励人民起来迎接敌人。其中，最为感人的话是："我没有什么可以奉献的，有的只是热血、辛劳、眼泪和汗水。"

21日星期二。当然,还要附加规定,如果需要的话,可以提前复会。下周会议所要考虑的议题,将尽早通知全体议员。现在,我请求下院,根据以我的名义提出的决议案,批准已采取的各项步骤,将它记录在案,并宣布对新政府的信任。

组成一届具有这种规模和复杂性的政府,本身就是一项严肃的任务。但是大家一定要记住,我们正处在历史上一次最伟大的战争的初期阶段,我们正在挪威和荷兰的许多地方进行战斗,我们必须在地中海地区做好准备,空战仍在继续,众多的战备工作必须在国内完成。在这危急存亡之际,如果我今天没有向下院做长篇演说,我希望能够得到你们的宽恕。我还希望,因为这次政府改组而受到影响的任何朋友和同事,或者以前的同事,会对礼节上的不周之处予以充分谅解,这种礼节上的欠缺,到目前为止是在所难免的。正如我曾对参加本届政府的成员所说的那样,我要向下院说:"我没什么可以奉献,有的只是热血、辛劳、眼泪和汗水。"(真情表白,鼓舞人心。)

摆在我们面前的,是一场极为痛苦的严峻的考验。在我们面前,有许多许多漫长的斗争和苦难的岁月。你们问:我们的政策是什么?我要说,我们的政策就是用我们全部能力,用上帝所给予的全部力量,在海上、陆地和空中进行战争,同一个在人类黑暗悲惨的罪恶史上所从未有过的穷凶极恶的暴政进行战争。这就是我们的政策。你们问:我们的目标是什么?我可以用一个词来回答:胜利 ——不惜一切代价,去赢得胜利;无论多么可怕,也要赢得胜利,无论道路多么遥远和艰难,也要赢得胜利。因为没有胜利,就不能生存。大家必须认识到这一点:没有胜利,就没有英帝国的存在,就没有英帝国所代表的一切,就没有促使人类朝着自己目标奋勇前进这一世代相传的强烈欲望和动力。(坚忍不拔。)但是当我挑起这个担子的时候,我是心情愉快、满怀希望的。我深信,人们不会听任我们的事业遭受失败。此时此刻,我觉得我有权利要求大家的支持,我要说:"来吧,让我们同心协力,一道前进。"(必胜信念,具有强烈的号召力。)

读后悟语

演讲是面向公众讲话,因此要口语化,要有激情,能够感染听众。

丘吉尔的演讲之所以打动听众,是因为他用自己的激情和真情诠释了对国家的爱:我没有什么可以奉献的,有的只是热血、辛劳、眼泪和汗水;对暴政的回答:在海上、陆地和空中进行战争。

好书推荐:丘吉尔《二战回忆录》。

关 于 崇 高

王小波

　　七十年代发生了这样一回事:河里发大水,冲走了一根国家的电线杆。有位知青下水去追,电线杆没捞上来,人却淹死了。这位知青受到表彰,成了革命烈士。这件事在知青中间引起了一点小小的困惑:我们的一条命,到底抵不抵得上一根木头?结果是困惑的人惨遭批判。不瞒你说,我本人就是困惑者之一,所以对这件事记忆犹新。照我看来,我们吃了很多年的饭才长到这么大,价值肯定比一根木头高;拿我们去换木头是不值的。但大家告诉我说:国家财产是大义之所在,见到它被水冲走,连想都不要想,就要下水去捞。不要说是木头,就是根稻草,也得跳下水。他们还说,我这种值不值的论调是种落后言论——幸好还没有说我反动。(不允许有思想的时代。)

　　实际上,我在年轻时是个标准的愣头青,水性也好。见到大水冲走了木头,第一个跳下水的准是我,假如水势太大,我也可能被淹死,成为烈士,因为我毕竟还不是鸭子。这就是说,我并不缺少崇高的气质,我只是不会唱那些高调。时隔二十多年,我也读了一些书,从书本知识和亲身经历之中,我得到了这样一种结论:自打孔孟到如今,我们这个社会里只有两种人:一种编写生活的脚本,另一种去演出这些脚本。前一种人是古代的圣贤,七十年代的政工干部;后一种包括古代的老百姓和近代的知青。所谓上智下愚、劳心者治人劳力者治于人,就是这个意思吧。从气质来说,我只适合当演员,不适合当编剧,但是看到脚本编得太坏时,总禁不住要多上几句嘴,就被当落后分子来看待。这么多年了,我也习惯了。(以人民的名义剥削人民。)

　　在一个文明社会里,个人总要做出一些牺牲——牺牲"自我",成就"超我"——这些

189

牺牲就是崇高的行为。我从不拒绝演出这样的戏,但总希望剧情合理一些——我觉得这样的要求并不过分。举例来说,洪水冲走国家财产,我们年轻人有抢救之责,这是没有疑问的,但总要问问捞些什么。捞木头尚称合理,捞稻草就太过分。这种言论是对崇高唱了反调。现在的人会同意,这罪不在我剧本编得实在差劲。由此就可以推导出:崇高并不总是对的,低下的一方有时也会有些道理。实际上,就是唱高调的人见了一根稻草被冲走,也不会跳下水,但不妨碍他继续这么说下去。事实上,有些崇高是人所共知的虚伪,这种东西比堕落还要坏。(说一套,做一套。)

人有权拒绝一种虚伪的崇高,正如他有权拒绝下水去捞一根稻草。假如这是对的,就对营造或提倡社会伦理的人提出了更高的要求:不能只顾浪漫煽情,要留有余地;换言之,不能够只讲崇高,不讲道理。举例来说,孟子发明了一种伦理学,说亲亲敬长是人的良知良能,孝敬父母、忠君爱国是人间的大义。所以,臣民向君父奉献一切,就是崇高之所在。孟子的文章写得很煽情,让我自愧不如,他老人家要是肯去做诗,就是中国的拜伦,只可惜不讲道理。臣民奉献了一切之后,靠什么活着?再比方说,在七十年代,人们说,大公无私就是崇高之所在。为公前进一步死,强过了为私后退半步生。这是不讲道理的:我们都死了,谁来干活呢?在煽情的伦理流行之时,人所共知的虚伪无所不在,因为照那些高调去生活,不是累死就是饿死——高调加虚伪才能构成一种可行的生活方式。从历史上我们知道,宋明理学是一种高调。理学越兴盛,人也越虚伪。从亲身经历中我们知道,七十年代的调门最高。知青为了上大学、回城,什么事都干出来了。有种虚伪是不该受谴责的,因为这是为了能活着。现在又有人在提倡追逐崇高,我不知道是在提倡理性,还是一味煽情。假如是后者,那就是犯了老毛病。(管好自己是最大的崇高。)

与此相反,在英国倒是出现了一种一点都不煽情的伦理学。让我们先把这相反的事情说上一说——罗素先生这样评价功利主义的伦理学家:这些人的理论虽然显得卑下,但却关心同胞们的福利,所以他们本人的品格是无可挑剔的。然后再让我们反过来——我们这里的伦理学家既然提倡相反的伦理,评价也该是相反的。他们的理论虽然崇高,但却无视多数人的利益;这种偏执还得到官方的奖励,在七十年代,高调唱得好,就能升官——他们本人的品行如何,也就不好说了。我总觉得有煽情气质的人唱高调是浪费自己的才能:应该试试去写诗——照我看,七十年代的政工干部都有诗人的气质——把营造社会伦理的工作让给那些善讲道理的人,于公于私,这都不是坏事。

读后悟语

　　中国的许多事情大家都觉得不合理,是假的、虚伪的,但很少会有人像《皇帝的新装》中的小孩一样,说出皇帝没有穿裤子。王小波是中国少有的像小孩一样的人。

　　从一根电线杆子说到崇高,给我们很深的启发。可见,我们的文章首先要有深度,有学识;语言的华丽还在其次。如今许多的少年作家,灵气有余,学识不够,看他们的文章很过瘾,看完之后什么也留不下。

鲁迅不应离我们远去

杨曾宪

　　有人说,鲁迅正在离我们远去,周作人正在向我们走来。这或许是事实。但我却并不以为然。我是31年前读的鲁迅,一年前读的周作人,中间隔了30年。但鲁迅仍然离我很近,周作人仍然离我很远。一个人,在他的青年时代,首先读的是鲁迅还是周作人,我想,可能对他的一生都会产生不同的影响;一个时代,是提倡鲁迅还是周作人,我想,对于今后整整一代人也会产生很不同的影响。对今日中国青年,今日中国知识分子来说,更需要的还是鲁迅,而不是周作人。("取法乎上"和"取法乎下"得到的结果是不同的。)

　　当然,鲁迅与周作人是亲兄弟,鲁迅也并不知道周作人的"后事"。但即使从周作人的"前事"而言,他与鲁迅的地位也是不可同日而语的。这不仅是从文学史角度的评价,而且是就他们对于中国文化对中华民族的意义而言的。鲁迅,不仅是新文化运动的一名骁将而且是新的民族精神民族灵魂的重铸者;鲁迅所批判的不仅是那一种制度那一个阶级那一派文化现象,而且是在几千年封建文化"酱缸"浸泡中、在近百年半殖民地政治"囚笼"扭曲中霉变畸形的民族灵魂。鲁迅积其一生之力铸造国人的灵魂。他自己也成为我们民族的不朽灵魂。(先生去世时,身上盖的是写有"民族魂"的红旗。)周作人也曾是新文化的发言人,也曾是传统伦理文化的批判者。但很快,新文化只沦为他的工具;他仍然以传统士大夫心态用冷淡的白话语言去娴熟地把玩起中国的器物文化来。悠悠五千年,中国的器物文化博大精深,世所罕匹;吃喝玩乐衣食住行,随手拈来就是文化,就是文明。用林语堂的话说就是,西方文明除去抽水马桶先进外,其他别无所长。这自然使周作人大有用武之地——今日提倡"玩文学"的青年哪能玩过周作人呢?玩物丧志,周作人最终几乎是自愿地出卖自己的灵魂成为民族的罪人并不偶然。如此一个周作人如何能和鲁迅相比呢?

　　但正因如此,今天的周作人可以摆在地摊上大畅其销,因为它好读——茶余饭后,躺在沙发上,借周作人之笔触,摩挲一些小摆设品味一些小感触体验一下昨日的民族风情,未必不是一件乐事。何况今日玩风甚盛,有闲者甚众呢?而鲁迅却是不能躺着读的。重读鲁迅,我仍然时时如针芒在背,为自己的灵魂所承受着的拷问。中国知识分子都应经受鲁迅的拷问——因为鲁迅本人已经千百遍地拷问自己。传统文化在民族文化心理深层积淀形成的某些劣根性,是难以自省自察自知的。但它却是妨害我们民族进取现代文明的痼疾。一个民族具有庸人气息并不可怕,可怕的是国人自卑自负又自慰的阿Q精神。(想想自己有没有这种精神。)德国在普鲁士时代曾经是庸人气息弥漫的民族,连歌德都不例外。但经过包括马克思在内的一代代思想家哲学家的批判,经过贝多芬这样伟大的艺术家的陶冶,百年过后的德意志民族已是世界上最有自信和自尊、最有生命活力和创造精神的民族之一。鲁迅作为伟大思想家文学家的当代意义正在于此,因为虽然60年过去了,由于种种政治历史主题的变奏,我们的国民性改造任务还远没有完成,毒化民族灵魂的阿Q精神却仍在蔓延滋生。虽然舞台上的阿Q已经被喜剧们变成形象猥狎的小丑,在青年观众的嘲笑声中退场了;生活中的阿Q却西装革履地作为弄潮英雄闪亮登场了,在人们歆羡的目光中正臂挽着高学历"小秘"招摇过市。虽然今日中国的成就令世人刮目相看,据说已经到了可以说"不"的时代,但从器物文明建设上处处散发出来的暴发户气息中,从种种时髦的学术论争和学术命题所暴露出的盲目的民族自卑与自傲文化心理中,我们仍然可以清晰地嗅出阿Q主义的味道——今日之新国粹主义不正在国学热国故热中疯长么?物质贫乏时的阿Q尚是可怜的,物质丰富时期的阿Q却变得有些可憎。如果我们不能在物质文明建设的同时,培育出刚健峻拔的民族品格和自信自谦的民族精神,最终,精神的贫乏将使中华民族难以真正崛起。(发人深省。)

　　当然,我并不排拒周作人。今日中国毕竟处于歌舞升平的时期。在这样一个"美酒加咖啡"不再具有亡国意味的时代里,玩物并不可怕,尚古也可尊敬,有些人欣赏周作人也很正常。但不能以此而排拒甚至贬低鲁迅。尤其作为民族精神体现和创造者的知识分子不能媚俗从众丧失操守地靠作翻案文章靠出卖民族的良知哗众取宠谋利发财。在鲁迅的伟岸形象面前,周作人永远是一抔黄土。

鲁迅,不应也不会离我们远云!(充满希望。)

读后悟语

雷锋出国了,据说美国的西点军校也在学他。

鲁迅也出国了,日本民族学习他自我解剖的精神以壮大自己。

有人说:汉奸胡兰成其人可废,其文不可废,何其荒唐。

中国有许多好东西自己不保存、不重视,反倒是墙内开花墙外香。中华民族还有健忘的劣根——好了伤疤忘了痛。这些特点,导致自己有时不知道自己是谁。正如有些人不知道鲁迅和周作人,谁应是学习榜样。

学习本文抓住人物特征对比来写的手法。

我们走在中国的大地上

周 末

阳光打在你的脸上,温暖留在我们心间;雨露滴在你的胸膛,我们走在中国的大地上。我们与你在一起,我们的爱一如既往。(阳光、温暖、雨滴留下了我们几多的爱。)

我们上路了,新闻在远方。你见到我们的时候,我们和新闻在纸上;你见不到我们的时候,我们和新闻在路上。我们是观察者,我们是记录者,我们是报道者,我们执著地寻找真相。

当年,有些同行追逐新千年的第一缕阳光,我们却回到了自己的家乡;我们是农民的儿子,我们是工人的儿子,那里是我们的根,我们从我们的根部汲取力量。(人不忘根,才能走得更远。)

我们倾听,我们观察,我们张开浑身的每一个毛孔,我们打开自己的每一个器官,我们感受,我们思考,我们记录,我们报道。你的笑脸,你的眼泪,你的焦虑,你的方言表达的你的梦想,对于我们,这一切是多么珍贵!

福建的成功路、四川的白鹿镇、河南的小常庄,这儿与那儿,久违了,一年一度,我们是第四次涉足。音容笑貌,多么熟悉,生老病死,几多沧桑。如此累积的记录,或者就是一部特殊的编年史。

年度人物寄托人们的理想。龙永图做了一个中国官员应该做的事,冯锦华显示了一个中国人应有的血性。他们做得多么漂亮! 什么可贵?做应该做的事可贵!

我们走在中国的大地上,我们捉摸着大地的脉搏,我们关注着中国的动向。莫斯科的悬念,申奥,北京;五里河的欢腾,中国足球首次入围世界杯;多哈,中国入世,15年的长征,中国从此进入新天地,中国的未来可预期!

我们走在中国的大地上,我们与红豆杉一起流泪,我们看不见藏羚羊绝望的眼神(它总是奔逃得那么张皇),我们随着野马撒野,我们看见塔里木河重新轻波荡漾……

我们走在中国的大地上,为你鼓劲,为你欢喜,为你分忧。(有欢喜,也有忧愁。)

我们走在中国的大地上,我们走过乡土,走过城镇,走过大都会。我们喝过你的家酿酒,我们吃过你的糌粑,我们坐过你的三轮(在被迫离开艾滋病村时,你甚至不收车钱),我们路过金茂大厦前修剪陈枝的你的身旁……

我们与你在一起,我们的爱一如既往。

我们走在中国的大地上,这片土地曾经悲伤,这片土地曾经辉煌;我们走在中国的大地上,这片土地沐浴阳光,这片土地充满希望。

我们走在中国的大地上……

读后悟语

一句"我们走在中国的大地上",包含了赤子几多的爱,几多的欢喜和几多的责任。我们走在中国的大地上,尽管这片土地曾经悲伤过,但她现在沐浴着阳光,充满希望。我们自豪,因为我们走在中国的大地上;我们骄傲,因为我们在为她添砖加瓦。

学 生 作 品

　　为了国家的利益，使自己的一生变为有用的一生，纵然只能效绵薄之力，我也会热血沸腾。

——[俄]果戈理

游子啊，回来吧

陈 哲

我们中华民族有着五千年光辉灿烂的历史，有着先进的文明，虽然屈辱的历史使我们丧失了不少领土，可是香港、澳门回归，又让我们吐气扬眉。

可是如今，祖国妈妈还与一位游子遥遥相望，未能团聚，那就是台湾。我有一个美好的心愿——让台湾回归。(提出自己的心愿。)

回眸历史，远在诸侯纷争的三国时期，吴侯孙权就派大将登上了台湾岛，使其成为吴国的一块领土。此后的历朝历代，无论盛唐，还是明清，台湾始终是中国不可分割的一部分。更值得一提的是，在荷兰人面前，中华民族更是不屈不挠，郑成功以大无畏的精神，率领舰队，收复台湾，为我们光辉的历史锦上添花。

但是今观台湾当局，本与大陆签订了联合声明，承认一个中国，而现如今陈水扁抛出了"一边一国"论，大肆宣扬"一中一台"，企图把台湾分裂出去，他们这种背信弃义的行为，不仅遭到了台湾民众的反对，也受到了中国以及世界人民的谴责。(从古说到今。)

我们的政府，一开始就提出了"一国两制"的方针，希望以和平的手段收回台湾的主权。面对着台湾当局的无理挑衅，我政府还是抱着为台湾人民利益负责的态度，始终以和平谈判的形式进行协商。但是台湾方面再次无理拒绝，并终止"三通"，给两岸人民造成很大损失。(从正说到反。)

但是"多行不义必自毙"，从台湾第十次要求联合国承认其地位的方案不被受理开始，俄、美、英、法等国领导人明确表示不支持台独，这就预示着台独必然失败，只有回归才是唯一正确的出路。(扣题。)

我想，我们拥有一个宽容、有能力的政府，有着全世界人民的广泛支持，台独分裂势力必然灭亡，我那美好的心愿，<u>也一定会在不久的将来实现</u>。(对未来提出希望。)

同学分析

这是一篇表达渴望台湾回归，祖国统一的文章。作者从大处着笔，纵横捭阖，历史感和现实感都很强。作者讲述了台湾的历史，中国政府的态度，发表了对台湾当前做法的看法，以及国际形势对台湾的影响，层层论述都为台湾自古以来是中国的领土这个论题造势，最后表达了渴望台湾回归的心情和愿望就水到渠成，有所依据。整篇文章论述逻辑清晰，恰如其分，感情也表达得很真挚。

不足的是，文章因为笔触太大总觉得深度上有所欠缺，作者可以尝试从细微处着眼，或许能写出与众不同的文章，内容也会更加充实，感情抒发得更加真实，而不是像新闻发言人那样仅仅是泛泛而谈。

教师点评

这是小作者把握的一个大题目。把握得很好！

作者关心历史，也注意现在。所以写来有一种闲庭散步的风度，叙述比较自如。可见，我们平时要多积累一些材料，以防不时之需！

短短的一篇文章，小作者从古说到今，从正说到反，但又不显烦琐，语言凝练。有记叙，有说理，不失为一篇夹叙夹议的好文章。

199

在新加坡的日子里

许俊杰

　　我,六岁踏入校门,开始了小学生活。我所在的学校很优秀,因此相对来说功课也很繁重,大量的作业挤走了我的课余时间。就这样,我每天都过着平淡而又紧张的生活。

　　时光流逝,光阴似箭。转眼间,我已是四年级的学生了。

　　一天,吃饭时,父亲向我和母亲透露了让我留学新加坡的想法。因为事先没有任何思想准备,我一下子愣住了。在父亲苦口婆心的劝导下,我才慢慢想通了……

　　转眼间,到了离别的那一天。"男儿有泪不轻弹,只因未到伤心处"。看着白发苍苍的爷爷和奶奶,我不禁掉下了眼泪,依依不舍地踏上了旅程。(小十年纪,已经很懂事了。)

　　午夜十二点,我们一家三口登上了飞机。飞机要飞行六个小时才到新加坡,那是何等漫长的六个小时啊!我的脑海里不时回忆起在国内曾经的快乐时光,又担心起以后要面对的陌生的城市和陌生的生活。(真实的情感——不只是一味地兴奋。)

　　到了新加坡,我第一个感觉就是闷热潮湿,很不适应这里的气候。我先是读了语言学校,在那里的三个月,英文大有长进。之后,我进了辅仁小学五年级。

　　五年级时,我没有一个朋友。当我告诉别人我是中国人时,他们都投来了异样的目光。那目光中,有疑问,也有歧视。因为我的英文较当地学生有很大差距,常常听不懂英文老师的授课,所以总是受到批评。每当这时,那种目光就更加强烈地刺痛着我的心!我不断告诉自己一定要忍耐,同时,暗地里苦读英文。我不仅要让自己的英文赶上新加坡同学,而且要用门门功课的好成绩告诉他们,我是最棒的!

　　在新加坡闷热潮湿的天气里,当别人徜徉在这座"花园城市"流连忘返的时候,我却将自己深锁书房,埋头苦读。功夫不负有心人,终于在六年级时,我取得了数学、华文和科学第一名的好成绩,升入了EM2最好的班。看着我的同乡一个个因为成绩不理想纷纷回国,我又立志要拿到全校第一名,让他们知道——中国人不会输给任何人!(具体记叙在异国他乡的努力经过,也是文章重点。)

小六会考成绩公布了,<u>我以264分的成绩夺得全校第一名</u>,顺利考入了新加坡最著名的华侨中学。(终于扬眉吐气。)

此时此刻,人们的目光不再有质疑和歧视,而是钦佩和尊重。(用事实证明一切。)在新加坡漫长而短暂的三年里,我发觉自己一下子长大了,这种"长大",或许只有在异国他乡才能够深刻体会。蓦地,我彻悟了父亲当初送我来新加坡的良苦用心。

同学分析

这是一篇先抑后扬的文章。小作者从小学生活开始说起,写到新加坡学习生活的艰辛以及自己的坚持。感情表达得真挚、细腻。

如果小作者对周围同学多一点前后态度的描写,文章会更深刻些。

中国现任外交部长李肇星说中国人只有走出了国门,才能真切体会到国家对自己是多么的重要,自己对国家是多么重要!

本文的小作者以自己的成长经历告诉我们:中国人不会输给任何人。

故土，是一种古老的痕迹

伍观梯

月亮站在没有灯的街头，忧伤的目光刺痛了夜的胸口。故土的整条街巷那么寂静，一只猫快速地从街的一边跃到另一边，引起草丛里小昆虫的阵阵鸣叫……

故土是永远无法埋没的宝藏。虽然每次记起的只有一弯溪水、几片随风流浪的枯叶、数声鸟鸣或是若干驼背蹒跚的苍老身影，但这些已经足够了。因为一滴溪水就能够洗涤心灵的万层尘埃，一片枯叶就能为我抵挡烈日的炙烤，一声悦耳的鸟鸣还能为我消除尘世间杂乱的喧闹，而那蹒跚的身影则是我前进的路标。(记叙很符合乡间的特点。)不需要其他太多复杂的情感，故土其实就是一种简简单单的土黄色的温暖，是爱的发源地。

一棵没了枝叶的老树孤单地立在繁华的城市，似乎有点儿格格不入，有点儿无奈。但如果是立在那乡村的黄土地上，就有种令人不想离开的沧桑了。在故土伫立，可以沉默，可以叹息，也可以静静地流泪。在故土上站着的，可以不是楼房，可以不是大城市，但不可以没有沧桑的痕迹。在这里，一代代儿女走了出去，却很少再有人回来。故土，不是你说她贫瘠就可以抛弃的，毕竟故土曾有过一棵繁茂的树，可以乘凉。故土就是一种古老的痕迹，就是宽厚且饱经风霜的脊背，是爱的终结地。

我不向往广州那种经济发达的大城市——到了那里，我怕悦耳的鸟鸣会被都市繁忙的交通喧嚣掩盖；我怕耸入天际的高楼遮住了心灵中的老树；我怕看到艳红刺眼的化妆品代替了岁月留下的真实皱纹；我怕看到满是戒指手链的双手失掉了淳朴的本质……我将不能够再找到驼背的老人，不能够再找到乡亲们慈爱的笑脸，迎面而来的是冷漠无情的不信任的眼神。

我有重踏故土的耐心,不会害怕多年后河水断流、鸟兽绝迹、枯叶碎散在风中,只要我的心还能容纳一片永恒的故土。

我还记得,枯树不远处的蓝天下有一口圆形的盈盈水井,我曾在它身旁缓缓绕过。(选取有代表性的事物与城市对比,表达对故乡的爱。)故土,是一种古老的痕迹。

同学分析

"故乡,是一种古老的痕迹",这个题目点出了文章的精髓。文章就围绕这个"古老的痕迹"来写,写为什么会将故乡永藏心中。

作者的语言很凝练、有一定的深度,也很抒情。

感觉到最后两段多余,因为似乎有重复之嫌,特别是倒数第二段。而且,倒数第三段的"只要"二字改为"因为"好。

教师点评

俗话说:儿不嫌母丑,狗不嫌家贫。故乡,再不繁华,不发达,但在我们的心中总是一方永远值得怀念的地方,是"永远无法埋没的宝藏"。

"故乡其实就是……温暖,是爱的发源地。"这句话说得真好!

太阳花般科学狂

像经济学家那样思考

　　经济是学校教育中较为薄弱的一环，大家以谈钱为耻，这是造成学校教育与现实社会差距的重要原因之一。经济被多数人误解为高深的理论和富人的专业，是无知的表现。我们的经济篇以认识经济、了解经济、运用经济为经线，改善个人生活、改善国家状况为纬线，借鉴富人伟人名人的实例点缀其中。理论高深，表达浅显，实例生动可感，适合反复品味阅读。写作方面，分类、对比、例证、类比等方法的实例可供借鉴学习。

　　阅读本篇内容，要有点五柳先生"不求甚解"的精神，当然，也会有"欣然忘食"的愉悦，而别忘了书读百遍，而义才会自见的古训。

名 篇 赏 析

    如果我们能够支配财富，我们将衣食丰盈，自由自在；如果我们被财富所支配,我们将真的穷到骨子里。

——[英]埃·伯克

我们为什么学习经济学?(节选)

包凯南

(本文是一本书的绪论的节选,有部分删减)。

假如你打算看本书来学习经济学,或者考虑是否看本书来学习经济学的时候,一般会有一个问题:为什么要学习经济学?那么,先看看这些人是怎么说的吧。

(这是个"追星"的年代,星分两种:歌星、影星是给普通大众调剂生活的。而下边提到的人,是有识之士所推崇的明星,是优秀人群中的优秀者。今天你认识他们,明天你挑战他们。)

△"经济学是一门使人幸福的艺术。"

——萧伯纳,著名英国剧作家、文学家和社会主义宣传家,1925年获诺贝尔文学奖"。

△"经济学……它不是一种教条,只是一种方法,一种心灵的器官,一种思维的技巧,帮助拥有它的人得出正确的结论。"

——约翰·梅纳德·凯恩斯,少有的顶尖经济学家,创立了现代宏观经济学的凯恩斯主义。

△"提倡人人都读点经济学,并不是希望人人都成为以经济学为职业的经济学家,也不是因为经济学告诉了我们致富的点金术,而是在现代社会中,人人都应该像经济学家一样思考问题。"

——梁小民，北京工商大学教授，兼任清华大学、西南财经大学等校教授，中国著名经济学家。

△"在你一生中——从摇篮到坟墓——你都会碰到经济学的严酷真理……当然，学经济并不能使你成为一个天才。但是，没有经济学，你简直非吃亏不可。"

——保罗·A.萨缪尔森，当代最知名的经济学家，著名麻省理工学院经济学研究生部的创立者。

△看了这么多著名人士的言语，你打算学习经济学了么？如果还没有，那么我再送你一句充满幽默感的话：

"学习经济学吧！当你掌握了经济学原理的时候，就会发现，世界原来是这样子的。"

——包凯南，当你问他上面那句话的真假时，他会告诉你："试试就知道"的一个人。

绪　论

天下没有无穷的午餐——稀缺带来的经济学

经济学是什么？著名经济学家A·马歇尔曾对经济学作过一个简洁而形象的定义："经济学是关于人类一般生活事务的学问。"确实如此，在我们生活中的每一天都在和经济学打交道。

当然，这个定义虽然很生动，但不确切。现在，我们就由了解经济学的定义开始，踏上学习经济学之路。

需要解决的问题：

经济学是什么？

经济学的分类？

什么是资源稀缺性？

太阳花般科学狂

经济学具体解决什么问题?(发现问题,写出问题和解答问题有同样的价值。)

如果你把经济学看成是经济学家无休止的古怪的争论,或者是高度数眼镜的书呆子所研究的宏伟论述,或者是理论高深充满函数方程式的大部头,那么,你想错了。经济学不过是日常生活中对现象中的本质的探索和思考。甚至,经济学 每时每刻就在我们生活的平凡世界的周围。现在,我们由经济学的定义开始,学习这个关于生活的学问。(开头多么生动有趣,仿佛几米是一名漫画家。)

一、经济学的定义

1. 欲望无穷与物质有限的矛盾——经济学是什么?(下定义通常是学者头痛的问题,看看经济学家是怎样思考的。)

一般人初学经济学最迫切想知道的,恐怕就是这个问题。第一章的开篇中给经济学下的定义:"经济学是关于人类一般生活事务的学问。"未免过于笼统。

要了解经济学的定义,首先要弄清楚经济学定义中的几个关键词:

本章的题目是:天下没有无穷的午餐。我们都知道"天下没有免费的午餐"这句话,那么,为什么我用"无穷"而不是"免费"呢?因为这句话恰恰体现了经济学所存在的意义——就是资源的稀缺性。

(1)"稀缺性"

稀缺性是经济学研究的前提,没有稀缺性,就没有经济学。稀缺性体现在什么方面呢?下面举一个事例。

假如你想买一台电脑,而且只有一笔不多的金钱,你会怎样选择呢?买一台苹果机?精美的、人性化的设计,卓越的图像处理功能,让您爱不释手。或是再买一台PC机?兼容性好,价格也便宜,买了电脑,周边设备更不能少。什么330像素的数码相机啊,1200×1200分辨率的扫描仪,可以开网络会议的摄像头,彩色打印机,还要双墨盒的,还有刻录光驱……(买电脑时的困窘,我也有过呀!)

这时候你肯定会想,你有那么多钱吗?对,需要的东西实在是太多了,可是金钱呢,却是一定的,做选择难吧?这时候,你就体会到了资源的"稀缺性"

人的欲望是无穷的,可是资源毕竟是有限的。这就会产生资源的"稀缺性"。(自然课让我们了解到地球的资源是有限的,不是取之不尽用之不竭的。)

经济学中的"稀缺性",并非资源总体上数量少,而是相对于人的无穷欲来说的。比如:你在家吃饭,菜比较丰盛,其中你最中意"回锅肉",在吃了满满一盘后,你并没有满足,还想再要一盘。这时候,就体现出"回锅肉"的稀缺性。并非世界上的"回锅肉"灭绝了(虽然大熊猫少,但满地跑的猪还是很多的吧……),而是你的欲望没有满足。也可以说:相对于人的欲望,物质资料总是不够的,稀缺性存在于人类社会的整个历史和所有方面。("回锅肉"中有经济学的道理,从今天开始,吃饭将有更多的意义。)原始社会的人们饥寒交迫,连基本的生存都不能保证;甚至在未来物质极大丰富的共产主义社会仍然要实行按需分配。而且,资源的稀缺性,和这种资源或产品本身的重要性并无太大关系,而是相对于需求和供给的关系而言的(需求与供给的关系将在下一篇章具体介绍)。例如清洁的空气,其重要性不必多说。在我国农村,清洁的空气是一种用之不竭的资源。而在大气环境日益恶劣的城市来讲,清洁的空气也能变成稀缺资源。比如各地的氧吧,还有"制氧器"等吸氧设备的流行,就可体现清洁空气在城市中的稀缺性。稀缺性具有普遍性,不仅指自然资源的稀缺性,还有时间资源人力资源等。例如:从街头的乞丐到某集团董事长,时间资源都具有稀缺性。街头乞丐拥有更多的时间,意味着多乞讨到更多的金钱。集团董事长拥有更多的时间,意味着多洽谈一个项目,多考虑一个市场。毕竟:再有钱的人,即使一般的商品对其不构成稀缺性制约,但是,时间资源是金钱永远也买不到的。

所以,由于资源稀缺性的存在,做出选择是必要的。

(2)"选择"

选择行为是经济学研究的对象。经济学也是一门关于选择行为的科学。例如上面买电脑,你必须在金钱(也就是一种资源)一定的情况下,做出选择。(感受到了吗?经济学家讲话很有条理,不是妈妈式的唠唠叨叨。)

在一定条件约束下,你通过选择不同方案来达到某种预定目标,就是经济学中的选择。例如,你要出差到某地,如何选择行程呢?大家都知道一个数学公理:"两点之间,线段最短"。根据这个原理,我们就应该选择直线行程,到达目的地。

当然,选择也具有其两面性。

正面来看选择意味着,你可以在一定程度中做出有利于自己一方面的选择,以最小的代价达到自己的目标。

但是选择又必定是单的,你在选择了某一方案的同时,也意味着放弃了另外一种方案。这就是经济学中的机会成本。(关键是:经济学是一门关于选择行为的科学。)

(3)"机会成本"

假如你有一笔钱,你是去看电影,还是用来买书呢?是用来旅行或是买一台网络功能优良的计算机?生活中,几乎我们每时每刻都面临着选择。

一般为了达到某种目标,会有多种方案可供选择。而且由于资源稀缺性,我们必须在多种方案中选择最适合自己的一种方案,并且放弃其他方案,也就是说,一个行动的机会成本就是放弃了可供选择的其他行动的价值。

经济学中的"成本",和会计学中的"成本"不同。会计学中的成本,指的是生产某种产品而购买的生产要素(如资金,土地,技术等)所实际付出的货币成本。例如,快餐店出售一个盒饭,必须投入原材料,店面的房租,厨师的工资等资金投入。这个成本就不是经济学中所指的成本。

姚明在NBA的发展,是最近人们津津乐道的话题。如今,姚明在美国NBA职业联赛中,打上了不可动摇的主力位置,拥有很多的美国球迷,每年的收入也达到了上百万美金。那么,他所付出的机会成本是什么呢?是在国内CBA联赛中优厚的收入,还有国内相对于国外较为低廉的生活费用等等。(姚明的选择显而易见。)

了解了几个关键词之后,我现在可以给读者一个比较明确的经济学定义了:

经济学是研究我们社会中的个人,厂商,政府和其他组织是如何在资源稀缺性为前提的情况下进行选择的,这些选择又是怎样决定,社会资源又是如何被有效利用的,所生产的产品又是如何分配的。

注意这个定义中的"有效"两个字,这里的有效并非指"有效果",而是指"有效率",就是争取付出最小的代价,而获得最大的产出。(讲清道理,要注意纠正一般人的理解认识误区。)

在日常生活和社会生产中,面临着选择和资源配置等种种问题。经济学恰恰是研究这些的学问。虽然经济学并没有直接告诉你如何去做,但是它提供了一套解决这些问题的方法和思路。(对全文作总结。)

总之,经济学是研究每个人都面临的选择和资源配置的学问。所以,它和我们每个人都是密切相关的。这正是我们为什么要学习经济学的最好的理由。(结尾呼应开头。)

读后悟语

　　如果一个人直接告诉你一个事物是什么，你也许会漫不经心；如果一个人用推理的方式告诉你一个事物是什么，你也许会心悦诚服。那让我们来看看作者是怎样展开他的写作思路的，简单回顾，应该是提出问题，分析问题，得出较正确的结论，清楚明了。其次，从"稀缺性"到"选择"再到"机会成本"，每一个问题的结束自然带出下一个问题的展开，那种环环相扣感令人佩服。"像经济学家那样思考"就是要体会他们思考的严密性，学习他们的严谨。严谨还体现在对一些词语的辨析上，如"无穷的午餐"与"免费的午餐"、"稀缺性"的相对特点、经济学中的"成本"和会计学中的"成本"、经济学定义中的"有效"特指有效率。用词用语的明确无误是本文特色之一。

一分钱

大 千

　　可怜的"一分钱",它被蔑视,被遗弃,被废掷,甚至被诅咒。(欲扬先抑)但是200年来
它仍活着。很多人不知道,小小的一分钱可能会带来意外的财运。

　　一分钱在很多地方都不受欢迎。公路收费站不要它,贩卖机不接受它,地铁售票处
也不收它。全国便利商店协会指出,如果一分钱能被废止的话,商店经营起来会更有效
率。一家很大的连锁药房也说,如果它的收银员可以不收一分钱的话,一年可以省下30
万美元以上的银行手续费,因为银行必须花时间和人力来为一分钱清算和制造卷筒。(花
费人力物力。)

　　男人尤其不喜欢口袋里装满了一分钱。一分钱的重量约九分之一盎司,是一张纸钞
重量的3倍,携带1磅的一分钱才不过1元4毛5分,却使口袋或钱包非常沉重,而半磅的1元
纸钞就值上225美元。(携带很不方便。)

　　一分钱在许多地方已经失去了人们的敬重,有些餐馆或商店的收银台边,都摆着一
个杯子让顾客随意丢一分钱。华盛顿特区的超级市场,鼓励顾客把物价上的小数点四舍
五入,化为整数,老板会将多收的小钱儿捐给慈善机构。另外更有数不清的商店老板,干
脆就不收标价上最后的一分到四分钱。(对生活影响微乎其微。)

　　一分钱非常不讨人喜欢,全国每年估计约有70亿的一分钱消失不见:有人把它放在
玻璃罐、糖果瓶里,或不知不觉掉在家具底下、汽车座椅下;很多时候掉在路上,也没有人
想去捡。(人们不重视它。)

　　难道没有人想过废止一分钱的发行吗?有1989年,路易斯安那州的国会议员詹姆士·

海斯提议立法,希望政府能在2000年以前停止发行一分钱。原以为这项提案会受到选民的支持,可是海斯却遭到来自四面八方的抨击,1990年提案被取消了。(峰回路转,一分钱不能废止,为什么?带着问题再读下去。)

事实上,政府铸造一分钱的多寡,也是国家经济活力的体现。例如1992年经济低迷到谷底时,财政部只铸造了91亿枚一分钱,1990年120亿枚,1991年99亿枚,1993年113亿枚,1997年经济好转,则有133亿枚。没有人能清楚地列举出一分钱存在的十大理由,但是以下却是不得不重视的现象。

第一,联邦政府可以赚,制造一分钱的成本不到一分钱。1941年以前,一分钱硬币含百分之九十五的铜,现在只占百分之二点四,其余都是锌。1993年时,政府销售一分钱给银行,就净赚2400万美元。第二,银行也赚钱。银行为顾客把一分钱卷成筒状,都加收手续费。第三,感情丰富的人喜欢它。如果一分钱消失了,有人会感到悲伤。最近的盖洛普民意测验显示,百分之六十二的美国人,希望政府继续制造一分钱。第四,对商人有制约作用。很多人认为如果没有一分钱,商人容易把价钱定高,赚取更多利润,例如本应4.96美元的物价,商人只会提高为5美元,而不会降到4.95美元。第五,自1787年至今,财政部每年都铸造一分钱,唯一的例外是,1815年造币厂发生大火影响了一分钱的制造。1787年诞生的第一枚一分钱是本杰明·富兰克林设计的,铜币上还有他的一句忠告"勿管闲事"。(分类阐述,注意分类的标志性词语。一分钱不是最重要的,却是不可缺少的。犹如我们的空气、阳光和水。)

一分钱真的会带来财运吗?在二次大战时,美国严重缺铜,财政部曾想用玻璃和塑胶造币,但发现易脆,不适合于贩卖机,便在1943年改成镀锌的铜。后来发生意外,同年费城造币厂工人误将青铜搀入,等察觉时已有40枚青铜币外流出去。这件事本来没有引起公众注意,直到1947年一名硬币收藏家在口袋里发现了这枚与众不同的一分钱,随后各地陆续找到了15枚。(特殊的一分钱,记录了历史,受收藏家的追捧。所以一分钱有意义。)

现在这些青铜币每枚价值已经暴涨到1.15万美元。古币研究专家认为,其余25枚仍旧流失在不可知的地方,有些可能在某些不愿曝光的收藏家手上,有些可能已经毁了或不完整了。为了刺激大众兴趣,每年美国古币专家协会都发行一些特别的一分钱,这些身价不凡的一分钱仍被大多数人忽略。其中有两种比较特别的一分钱:一是1909年发行的,正面林肯像,反面刻有设计家姓名缩写的 VDB。视硬币保存状况,每枚市价在260美元到400美元之间;另一种是1941年发行的,市价每枚70美元到100美元,如果保存状况完好,价值会更高。

最近,有一个关于一分钱的美谈被人们津津乐道。四年前加州吉若瑞镇一位小学老师,想向学生表现"100万个东西"的概念,发起捐一分钱的活动。经过四年时间终于募到100万个"一分钱",其中一半来自学生卖报纸或旧锡罐所得,另一半来自社区民众。当地一家银行负责人把该校收到的一分钱存放在金库里,四年反复数过1040遍,直到去年春天,这100万个一分钱,也就是1万元,利息达到868美元。目前校方还没有决定到底怎么使用这笔钱,不过最大的可能是设立奖学金。

很多人可能都没想到,小小的一分钱竟产生了如此不同凡响的意义。(一分钱成了教育孩子学会珍惜的教材。所以一分钱有意义。)

读后悟语

一分钱算什么,谁还能清楚记得一分钱的纸币或硬币?长什么样?而我们在《一分钱》文章中分明看到了历史、财富、成就、民主、教育,哇,作者能写出这么多东西来,为什么我就不能呢?多读课外书,多积累方方面面的知识,放在自己写作贮备的仓库里,写作时才有话可说。来,就生活中一件微小的事物,写写自己的认识:一本书、一张纸、一粒米、一粒沙……尽量联想和想象,也应为此查找资料。

博弈论：生活中的策略大师

王则柯[*]

（阅读本文可能是一个挑战，一是较长，二是关于一个诺贝尔奖的经济学理论。用耐心，找出关键句，就更容易读懂。重要句子，我们将用横线画出。）

一件严重的纵火案发生后，警察在现场抓到两个犯罪嫌疑人。事实上，正是他们一起放火烧了这座仓库。但是，警方没有掌握足够的证据，只得把他们隔离囚禁起来，要求他们坦白交代。如果他们都承认纵火，每人将被判入狱3年；如果他们都不承认，每人将只被判入狱1年；如果一个抵赖而另一个坦白并且愿意出来作证，那么抵赖的将被判入狱5年，坦白者将被宽大处理——释放。这两个囚徒怎样做出对自己最有利的选择呢？这就是博弈论中著名的"囚徒困境"，它 是人们处理生活小事和国家大事的一把钥匙。（博弈论的意义和价值所在。）

最近三四十年，经济学经历了一场博弈论革命。1994年度诺贝尔经济学奖授予三位博弈论专家，可以看做是这场革命的一个标志，这更激发了人们了解博弈论的热情。

"囚徒困境"

"囚徒困境"最早是由美国普林斯顿大学的数学家增克于1950年提出来的。他当时

*王则柯，中山大学岭南学院教授，经济学博士生导师和数学博士生导师。主要致力于经济学教育现代化的工作，对经济发展和社会进步发展观察和提供意见。

创造出这样一个故事是为了向美国斯坦福大学的一群心理学家们解释什么是博弈论,后来,"囚徒困境"演绎出许多版本,成为博弈论中最著名的案例。

根据前面的故事,我们假定两个囚徒都是只为自己利益打算的所谓"理性主体人",那么,结果会怎样呢?在甲看来,如果乙选择抵赖,甲选择坦白的话,甲将被释放;但是,如果甲也选择抵赖的话,将被判入狱1年。两相比较,甲认为选择坦白对自己更有利;如果乙选择坦白,甲也选择坦白的话,两个人都要坐 3年牢;但是,如果甲选择抵赖的话,可要坐5年牢,两相比较,甲认为还是选择坦白对自己更有利,可见,不管乙采取什么策略,甲认为选择坦白总是对自己更有利。同样,不管甲采取什么策略,乙认为选择坦白总是对自己更有利。

在这个假定的故事中,显然,最好的策略是双方都选择抵赖,结果是大家都只被判入狱1年。但是,由于两人处于被隔离的情况下无法串供,每一个人都是从利己的目的出发,每一方在选择策略时都只选择对自己最有利的策略,而不考虑任何其他对手的利益或社会福利,但选择这种策略得出的结果又适得其反。到底是选择坦白还是抵赖呢,这就是"囚徒的两难困境"。

(经济学家以囚徒困境来解释经济理论并非教唆囚徒与法律对抗,从遵纪守法的角度讲,囚徒应坦白,希望不要混淆是非。)

实际上,"囚徒困境"是现实生活中许多现象的一个抽象概况,一旦陷入其中,要摆脱这个困境远非易事。例如,冷战时期两个超级大国长达40年的军备竞赛、各国的贸易保护主义倾向和价格战都属于这种情况。

价格大战

经济学把两个企业联合起来垄断或几乎垄断了某种商品的市场,称为双寡头经济。双寡头经济是经济生活中最典型的博弈现象。例如美国可口可乐公司和百事可乐公司之间的争斗。(这两大公司你一定都知道,他们之间的竞争非常出名。)

它们争斗的目的当然是增加自己企业的利润。可能有些读者会想,要增加利润,只要提高商品的价格,东西卖得贵了,赚钱不就多了吗?的确,如果一家企业垄断了整个市场,提高价格当然会增加你的利润。如果存在两家相互竞争的企业,消费者可以在两家之间选择。这时候,提价的结果不仅不能增加利润,反而可能会使自己企业的利润下降。这里,要紧的因素是市场份额。如果你提价,对方没有提价,你的东西贵了,消费者就不买你的东西而买你对手的东西。这样,你的市场份额下降很多,利润也就急剧下降。这是历经市场经济洗礼的读者都明白的道理。对方的价格没有提高,生意比原来好得多,利润就大幅度上升。但是,如果两家企业都采取比较高的价格,消费者没有别的选择,再贵也只好买,两家企业的利润都会上升。

假定两家企业都采取比较低的价格,可以各得利润30亿美元;都采取比较高的价格,各得利润50亿美元;而如果一家采取较高的价格而另一家采取较低的价格,那么价格高的企业利润为10亿美元,价格低的企业因为产品多销,利润将上升到60亿美元。究竟是采取较高的价格好还是采取较低的价格好呢? 两家企业都面临博弈或对策的选择。很明显,双方价格大战的结果是双方都取低价各赚30亿美元的情况。

为什么两家企业那么蠢,要进行价格大战呢?那是因为每家企业都以对方为敌手,只关心自己的利益。在价格博弈中只要以对方为敌手,那么不管对方的决策怎样,自己总是采取低价策略会占便宜,这就促使双方都采取低价策略。(两个著名的大公司也不能摆脱囚徒的困境,未能成为商业表率。)

在大家都非常熟悉的国内的家电大战中,虽然不是两个对手之间的博弈,但由于在众多对手当中,每一方的市场份额都很大,每一个主体人的行为后果,受对手行为的影响都很大,因此,其情景大概也是如此。如果清楚这种前景,双方勾结或合作起来,都实行比较高的价格,那么双方都可以因为避免价格大战而获得较高的利润。有人把这样一种合作的做法,叫作"双赢对局"。在上述企业价格大战博弈之中,如果双方勾结或联手都不降价,双方将都是"双赢对局"的赢家。可惜正如上面揭示的,这些联盟处于利益驱动的"囚徒困境",双赢也就成泡影。五花八门的价格联盟总是非常短命,道理就在这里。("双赢"要以什么样的心态为前提?为对方考虑,不以对方为敌人。)

许多商战的对策形势,都可以像价格大战那样,归结为"囚徒困境"的形势。所以,当企业在进行价格大战的时候,我们说他们陷入"价格大战的囚徒困境"。(如果你是个商人,你会做出怎样的选择?)

情侣博弈

情侣还讲什么博弈?其实,即使是情侣,双方的爱好或者偏好还是不尽相同。大海和丽娟正在热恋,难得周六又到了,安排什么节目好呢?周六晚上,中国足球队要在世界杯小组赛中和巴西队比赛。大海是个超级球迷,国内的甲级联赛都不肯放过,何况是国家队和心目中的偶像巴西队的比赛?也正好是这个周六的晚上,俄罗斯一个著名芭蕾舞剧团莅临该市演出芭蕾舞剧《胡桃夹子》。丽娟喜欢钢琴、芭蕾这样的高雅艺术,对俄罗斯的歌剧和芭蕾更是崇拜得五体投地,她怎么肯放过正宗俄罗斯的芭蕾舞剧《胡桃夹子》?那么,一个在自己家里看电视转播的足球赛,一个去剧院看芭蕾舞演出,不就得了?问题在于,他们是热恋中的情侣,分开度过难得的周六,是他们最不乐意的事情。这样一来,他们真是面临了一场"博弈"。(商场博弈和囚徒博弈你不一定会碰到,情侣博弈的发生机率可是 100%的。)

我们不妨这样给大海和丽娟的"满意程度"赋值:如果大海看球,让丽绢一个人去看芭蕾,双方的满意度都为0;两个人一起去看足球,大海的满意度为2,丽娟的满意度为1;两个人一起去看芭蕾,大海的满意程度为1,丽娟的满意程度为2;应该不会有丽娟独自看球而大海独自去看芭蕾的可能,不过,人们还是把这写出来,设想双方的满意程度都是-1。(这足以证明经济学家谈恋爱时也沉浸在学术思考中。)

情侣博弈的正式名称是"性别之战"。在情侣博弈中,双方都没遇到"囚徒困境"中那样的最佳策略,但是,他们总会做出一个较好的选择,因他们是热恋的情侣。这里就遇到博弈中最重要的概念"纳什均衡"(纳什于1950年建立的概念,由于对博弈论做出奠基性的贡献,他在1994年荣获诺贝尔经济学奖),它指明了"情侣博弈"等一大类策略优势不那么明显的博弈结局。策略优势不明显,指的是双方都没有"不论对方采取什么策略,我采取这个策略总比采取任何别的策略更好的严格优势策略。其实,我们只需留意一种双方"相对优势策略"的组合。在情侣博弈中,双方都去看足球,或者双方都去看芭蕾,就是我们所说的相对优势策略的组合,一旦处于这样的位置,双方都不想单独改变策略,因为单独改变没有好处。比方说两人一起看足球,大海得2,丽娟得1。如果大海改变主意单独去看足球,变成双方都得0,没有好处;如果丽娟改变主意单独去看芭蕾,也变成双方都是0,也没有好处,所以,两人一起去看足球是稳定的结局。同样,两人去看芭蕾也是稳定的结局。(幸福总在谦让、包容、给予中,而不是自私、狭隘、索取中。本段给"幸福"找到了理论基础。)

这种稳定的结局就是"纳什均衡",在情侣博弈中,双方都去看足球,或者双方都去看芭蕾,是博弈的两个纳什均衡。形象地说,纳什均衡实际上就是一种"僵局":给定别人不改变策略的情况下,没有人有兴趣单独改变策略,而且,这种单独改变不会给他们带来好处。

先下手为强

让我们再回到情侣博弈:前面说了,大海是个球迷,丽娟最喜欢芭蕾,但是分开各自度过难得的周六,才是他们最不乐意的事情,那么,他们怎样安排周六的节目呢?我们知道情侣博弈有两个"纳什均衡":或者一起看球,或者一起看芭蕾。但是,就单次情侣博弈而言,最后结局究竟落实到哪一个"纳什均衡", 是博弈论本身尚未解决的问题。

情侣博弈可以用来描述友好企业或者有互补的企业之间的关系。在这种情况下,企业双方偶尔像真正的情侣那样互相谦让一下也有好处。但是,在许多情况下,结果会体现先动优势,虽然双方都会得好处,但是,先行动的乙方得益多一些。比方说,两人还没商量,丽娟已经开口说了,大海还会驳她的面子吗?如果你觉得没经过商量就先买了票有点过分,那么,可以把情况改为丽娟打电话给大海,建议一起去看芭蕾,得到同意才去买票,我们可以设想,大海接到丽娟的电话,也不会驳她的面子。

我国古代已有"先下手为强"的说法。(后半句是"后下手遭殃"。)的确,大量例子说明,在有多个"纳什均衡"的情况下,常常是先动手的一方会占一些优势。但是,要指出的是,现实生活中也有很多后动优势的例子。在这里,由于决策或行动有了先后次序,所以叫做"动态博弈"。

威胁的可信性

美国普林斯顿大学的古尔教授1997年曾经在《经济学透视》杂志上发表文章,通过深入浅出的例子说明威胁的可信性问题：两兄弟老是为玩具吵架，哥哥老是抢弟弟的玩具。不耐烦的父亲宣布政策：好好去玩，不要吵架；不然的话，不管你们谁向我告状，我把你们两个都关起来。（类似的经历你可能有过。）

被关起来与没有玩具相比，情况更加糟糕，现在，哥哥又把弟弟的玩具抢去了，弟弟没有办法，只好说："快把玩具还给我，不然我要告诉爸爸。"哥哥想，你真的告诉爸爸，我是要倒霉的，可是你不告状只不过没玩具玩，告了状却要被关起来，告状会使你的境况变得更坏，所以你不会告状。因此，哥哥对弟弟的警告置之不理。的确，如果弟弟是会计算自己利益的理性人，他还是会选择忍气吞声的。可见，如果弟弟是理性人，他的上述威胁不可信。

可是，实际生活中的弟弟，多半不是经济学假设的理性人。想远一些，人们的社会行为和市场行为，也常常不能够归结为彻底的理性的行为。现实生活中的弟弟也有向爸爸告状的，心想："你不让我玩，我也让你玩不成。"近年来兴起的博弈论，就拿人的实验行为与博弈理论的探讨进行对比，发展成以"有限理性"为特征的行为经济学。（经济以"人"为本，所以经济学常与心理学结合，真的很有趣。）

读后悟语

理论我们未必全懂，里面的小故事却是我们身边再熟悉不过的情景。

在讲述一个问题时，我们可以借助一个主要例子轻松阐述，像文中每个标题里，作者分别以两个囚徒、两大可乐公司、情侣大海丽娟、哥弟两人的争执，各自贯穿该部分。这样做的好处是虽然理论深奥，但实例浅显易懂。而且做到举好一例，令读者能"举一反三"。

中国需要高消费还是高积累

钟朋荣

艰苦奋斗没过时

"勒紧裤带搞建设",这是我们听了几十年的一句老话。特别是在"大跃进"时期,这话喊得最多。(请教你的父辈或祖辈,什么是"大跃进",也可以自己查资料,了解中国建国之后的经济政治发展历程。)

"勒紧裤带搞建设",这话很通俗,却包含着两个重要的经济学道理:第一个道理,它说明了投资与消费此消彼长的关系。一年之内所生产出来的东西就那么多,用于消费的多了,用于投资的就少;用于投资的多了,消费就得紧一点。第二个道理,无论一个家庭还是一个国家,在你还不富裕的时候,你必须勤俭节约。省吃俭用,多节省一点钱用于建设。

比如,老张家有六口人,有四个孩子,两个已成人,还有两个正在上高中, 过一两年也需要工作。他这几个孩子目前都没有工作,成天在家里无所事事。家里只有三亩地,由老张夫妇耕种足矣。这个家庭每年收入1万元。这1万元是用于买好衣服穿、买酒喝或盖房子,还是买拖拉机?如果这个家庭不想破产,他就应该选择后者。买一台拖拉机,让已经成人的孩子去开拖拉机,帮助别人跑跑运输、耕耕地,可以挣些钱,使这个家庭未来的年收入由1万元变为2万元。将1万元用于买拖拉机,眼下生活虽然苦一点,但只要不挨饿、不受冻,不影响身体健康,吃点苦也是值得的,先苦后甜嘛!(我们读懂了老张家的经济也就能大概了解国家的经济取向。)

　　家庭如此,国家也一样。甚至可以说,上述那个家庭,就是我们这个国家的缩影。老张所遇到的问题,也是我们国家所遇到的问题。老张最大的心病,就是两个已成年的孩子整天在家无所事事,这可怎么办?弄得不好还会学坏!老张还在着急,另外两个孩子高中即将毕业,毕业后干啥?(过渡句,既承上又启下,形象生动。)因此,老张必须处理好消费与投资的关系,尽可能少消费一点,只有少消费一点,才能为几个孩子造饭碗。比如,买台拖拉机,让老大有事可干;修个水塘,让老二去养鱼;建个养猪场,让老三去养猪等等。

　　面对众多的失业人口,国家也要处理好投资与消费的关系。像我们这样一个家底还比较薄,失业人口又那么多的国家,应该尽可能多投资、少消费,积蓄更多的资金为失业者造饭碗。(结论基于国情,而不是死守经济教条。)

先造房还是先造"车"

　　近年来,主张消费信贷似乎是一种时髦。到目前为止,我们已开办了购房信贷、购车信贷、购洗衣机信贷等等。

　　在一次金融理论研讨会上,有人甚至提出,凡是1万元以上的大件消费,银行都应当提供消费信贷。

　　消费信贷,说到底就是吃明天。比如,上述那个老张一家,不仅把当年的1万元收入全部花掉,还要向银行再贷款1万元,去买一套家用电器,或者去盖个新房子,或者买一辆摩托车。因此,要不要发展消费信贷,实际上是要不要吃明天的问题。

　　消费是吃今天,消费信贷是吃明天,投资则不仅不吃明天,连今天也不吃,把可以在今天吃的东西,变成明天或后天吃的东西。以鸡和鸡蛋为例,消费是吃今天的鸡蛋;投资是把本来可以吃的蛋变成鸡,是为了明天吃更多的蛋;消费信贷则是杀鸡取蛋。(运用比喻论证,讲道理深入浅出。)我国作为一个发展中国家,有那么多失业人口,急需建设资金为他们创造就业岗位。我们不应当吃明天,连今天的东西也应当尽量少吃,尽量多留几个蛋用于孵小鸡。(小做法阐明大道理,连老奶奶都看得懂。)

223

讲到这里我们会遇到一个很重大的问题，即如何看待住房信贷，如何看待把扩大城市住房建设作为经济的启动点。

近年来，我们试图通过住房建设来扩大社会总需求，即把住房建设作为新的增长点来启动市场。住房作为消费品，在其建设过程中也会增加一些就业，但把大量的社会资源如钢材、水泥、人力、物力建成消费品，不能派生出更多的就业机会。

现在，的确有相当一部分城镇居民严重缺房或无房，但恰恰是这些人工资水平很低，一般都是厂矿企业的工人和社会居民，他们每月的收入只有三四百元，甚至两三百元，买不起房子。这些居民为什么收入水平那么低？因为他们的劳动生产率低，用个形象的说法，他们是拉板车搞运输，创造的就是那么点财富，所以每月只能赚两三百元，所以就买不起房子。而住房需求者恰恰是这些靠"拉板车"为生的城镇居民。如果政府给他们解决困难，是盖房卖给他，还是把他的"板车"改成"汽车"(指更好的生产设施和生产条件)呢？我们应该选择后者。首先，把有限的社会财富用来造"汽车"，而不是造房，使他们由拉"板车"搞运输改成开"汽车"跑运输，提高劳动生产率，他们每月的收入由两三百元提高到两三千元，才有可能去买房子，这时，再考虑造房子卖给他们住，才有了实实在在的购买力。(先提高百姓购买力，再刺激消费。)

现在全国已经积压6000多万平方米的住房，有的积压了很多年。前两年，哈尔滨、石家庄等地连安居工程的房子都卖不了。所以，靠住房来启动这个想法是好的，但操作起来恐怕有困难。

中国经济有长线也有短线

一次我在中国人民大学作报告，当讲到上述观点时，就有学生递条子。这位学生问我：如果大家都积累，为了创造就业机会，都去办工厂、办商店，都不去消费，那工厂生产的东西卖给谁？我们现在工厂似乎已经多了。

当时我对那位学生做了如下回答：我国现实生活中确实有不少东西多了，如彩电多了，VCD多了。但我国并不是所有的东西都多了，如果所有的东西都多了，那中国就进入共产主义了，即中国已经实现了社会产品的极大丰富，人们可以按需分配了！但事实不是这样，中国还有许多人没有脱贫，不少人连温饱问题还没有解决。我国经济中虽然有长线，但也有不少短线，如我国的农业、基础设施。我国的许多工业品，之所以显得有些过剩，是因为人们的购买力太低，一旦购买力提高了，特别是广大农民的购买力提高了，其实这些东西并不多。因此，当务之急是补短线。最近国家决定拿出400亿元投向铁路。这个非常好。400亿元投向铁路，至少有120亿元，即30%变成农民的就业机会，变成农民的工资。农民有了这120亿元，可以买彩电，买洗衣机，彩电、洗衣机的市场也会相应扩大。

扩大投资、增加就业，在投资方向上是补缺。即不断地补充短线，使整个国家的经济实力不断增强，人们的收入水平不断提高，这时逐步增加消费也就有了基础。

读后悟语

老张家的经济发展是全文的主材料，而再借助孵蛋成鸡，让鸡生蛋的道理把国家发展的道理简简单单地呈现在我们面前。

作者以数字来说明问题，集中在第三自然段老张家的经济账和倒数第二段中国的经济账，数字增强了文章的说服力，不是吗？

李嘉诚和一枚硬币

吴启蒙

一次，在取汽车钥匙时，李嘉诚不慎丢落一枚2元硬币。硬币滚到车底。当时他估计若汽车开动，硬币便会掉到坑渠里。李嘉诚及时蹲下身欲拾取。此时旁边一名印度籍值班见到，立即代他拾起。李嘉诚收回该硬币后，竟给他100元酬谢。李嘉诚对此的解释是:(利用名人效应。出乎意料的举动引起读者兴趣。)

"若我不拾该2元，让它滚到坑渠，该2元便会在世上消失。而100元给了值班，值班便可将之用去。我觉得钱可以用，但不可以浪费。"

这件小事说明了李嘉诚的一种理财哲学，也说明了他的思维风格，这就是用社会总净值的增损来判断个人行为合理与否。只要社会总净值增加了，自己损失一点也不算什么;相反，如果社会总净值减少了，自己即使收获了一定的财利也是损失。

不要小觑了着眼社会总净值的思维方式，这是关系到国家富强的大问题。亚当·斯密在《国富论》中有这样一个重要论点:人以自利为出发点对社会的贡献，要比意图改善社会的人的贡献大。这样的"自利"或者说"自私"就有几分可爱了。因为如此，"自利"能给别人带来利益，自己的"利"和别人的"利"加起来，社会总净值必然会增加，国家自然富强。

中国传统社会是一个"不患寡而患不均"的社会。"不患寡"，就是不怕社会积弱;"患不均"，就是怕别人比自己好。别人好了，我要想办法让他不好，虽然这样做我也没利。"内耗"的结果是没有"利"的，我和没有"利"的别人组成了一个平均型的"寡"的社会。("乞丐并不羡慕百万富翁，但他一定会羡慕比他们乞讨得多的乞丐"。不努力成为富翁，却打压身边比自己强的人,是人性中的劣根,如果泛滥成风,势必阻碍民族进步发展。)

　　用社会总净值衡量,也能说明制造假冒伪劣产品的行为为什么可恶。制假贩假的人可能获利,但假货造成的资源和人力成本的浪费,最终造成的是社会总净值的减少。如果任其发展,势必削弱国力,一部分借此先富起来的人和其他被剥夺了财富的人组成的是一个不均型的"寡"的社会。(平时我们仅从危害消费者权益的角度谈制假贩假。从社会总净值减少的角度来谈,倒是独辟蹊径。)

　　李嘉诚的境界是富国的境界。他的心态既是传统文化的异质,也是不规范的市场经济文化的异质,值得我们好好揣摩。

读后悟语

　　李嘉诚超乎常人的举动引出一种理财哲学、一种思维风格,得出社会财富总量影响个人财富的结论。由此拓展反思中国"不患事"的可怕,从另一个角度谈制假贩假的危害,结尾希望读者"好好揣摩"。

　　揣摩一下身边还有哪些现象也能体现这一道理的,可仿此文思路、结构,写一篇作文。

　　本文是典型的一事一议文章。先是一件小事,然后引发思考,逐层深入得出结论,再引申拓展。

Pass之后

周 愚

美国人数学普遍不好是公认的事实，但有些美国人宁可多花钱买小号货品，而不愿少花钱买大号的，真让人难以理解……(欲扬先抑是一种写作手法，相反的手法是欲抑先扬。)

8月初，我们夫妇和洛杉矶的两位朋友一起去亚特兰大会一位朋友。当我们到达石头山公园时，除了进去收6美元门票外，乘坐园内的缆车、火车等许多游乐设施，都要另外买票。

缆车通到山顶，车上视野绝佳，我们都认为胜过其他游乐设施，于是决定坐缆车，并请同行的一位朋友统筹买票。

我和他一起来到售票窗口，表明要买5张缆车票。售票小姐是个年轻女孩，听后很亲切地告诉我们说，缆车票每人16元，只能用于坐缆车一项，如果买一张7.5元的"Pass"，则可以玩遍园内所有设施。

16元只能玩一项，7.5元却可以玩所有的？当然是她说错了，最大的可能是把两个数字说反了。

我正要请售票小姐再说一遍时，反应比我快的那位朋友用手背从窗口下方在我身侧拍了一下，示意我不要说话，同时告诉售票小姐，买5张Pass。(设置悬念，吸引读者。)

买好票我们窃喜。朋友说如果问售票小姐，她发现了自己的错误，我们就买不成了。虽然我曾想到，售票小姐卖错了票可能她自己要赔而有点不安，但一会儿我就忘了内疚。

我们玩遍了所有的项目，花的时间自然比预计的多出很多。我们原预定回到市区一家中餐馆吃晚餐,结果改为就在园内的餐饮部吃了;亚城的天气潮湿而闷热,我们不时买饮料喝;园内有许多工艺品店,我们几乎在每家都流连许久……逛了几家之后,每人手上都拎着大包小包。

我们一直沉浸在占了很大便宜的喜悦中,但因天色已晚,我们必须返回市区。在离开公园前,为了求证票价和售票小姐为什么会错,我又特意来到售票处,仔细地查看窗口上方墙上的价目表,令我奇怪的是,售票小姐并没卖错票, 表上写得很清楚,缆车16元,Pass7.5元。(照应前文。)

我原来担心售票小姐要赔钱,知道她没有错,顿感欣慰。这么说,是老板自己弄错了?他自己亏了?可那块价目表的牌子老旧,也没有新近油漆过的迹象, 这个"错误"应该已经存在很久了,为何一直没被发现?(心理描写,使文章生动鲜活,避免了简单陈述的乏味。)

去停车场的路上,我们5人一直在讨论这事。起初我们都说不出所以然来,就在上车之际,我看到除了那位亚特兰大的朋友外,我们4人把手中的大包小包放进车后的行李箱中时,恍然大悟。(顿开茅塞,商家吃小亏占大便宜。)

我们本来打算在公园里坐完缆车之后,回到亚城吃晚饭,并在市区逛街购物,这样,公园可以从我们每人身上赚到16元缆车费。但有了这张Pass,我们便改在公园里吃饭、喝饮料、购物,平均每人花掉了七八十元。7.5元的Pass与16元的缆车相比,公园少收了8.5元,但他们却在餐饮和礼品店里获得了10倍于此的营业额,所获利润,弥补那8.5元的差额,绝对绰绰有余。

我又想到,Pass的价钱本就是7.5元,他们故意在旁边加上缆车16元的价目,使购买者自以为占了便宜而人人购买Pass,这和把一件物品的标价加倍之后再半价出售是差不多的。真正聪明的是哪一方,不言自明。(解开谜团,商家大智若愚。)

我在本文最前面所说的美国人算术不好,大号的东西反比小号的便宜,宁多花钱而少买东西这些事,常是我们取笑老美的题材,据此而说他们笨。有了这次"Pass"事件后,我改变了对美国人的认识,以后再有中国朋友用上面这些题材取笑老美,我想我是会"Pass"而不笑的。

读后悟语

中国人用"大智若愚"、"大巧若拙"用来形容那些外表看来笨拙愚纳，内心却充满智慧的人。美国商人让顾客以为占了便宜却吃了亏的做法，可真是"大智"之举。然而，如果聪明的顾客，自带粮水，不狂购物，同样能好好"保护"住自己的钱包，那结局又会如何？再有，有的商家低价销产品主体，以吸收顾客，然后在附件销售时才逐层加价，通常是让顾客恼火的结局，这种聪明是真聪明吗？

相信好的方式是让买卖双方心里都愉快的。

本文以记叙为主，设计了悬念，引起我们追踪阅读的兴趣，可见轻松的笔调也可揭示深刻的道理。

财富离幸福仍然很远

鲍尔吉·原野

一

赚钱以及把钱花出去所获得的，有时只是一种方便，而非幸福。(开宗明义，开门见山。)

譬如买车与备手机，好处是代步与吸纳传播资讯，把一个人很快地从甲地运到乙地、庚地、辛地，还能及时和很多人谈话并听取他们的意见。简言之，可以多办事，但不一定和幸福有关。坐车幸福吗？如果不论效率，与坐在家里的沙发无其区别。打手机更谈不上幸福，它不是抽大烟与吃饺子。虽然有人站在马路上欣欣然以手机通话，仿佛幸福。(以破为主，否定看似幸福，实质不是幸福的表现。)

有人不想办事，也不想到哪里去以及跟别人谈话，这样会妨碍他们的宁静 (实际是幸福)的生活，如庄子与梭罗。汽车、手机对他们属于累赘，不如书与琴棋有用。毛主席做了许多事情，但必定不是拼命打手机以及开车游走所成。乾坤在手岂不比爱立信在手更好？就是羊毫在手糖块在手乃至小人书在手也比方向盘在手更愉快，包括安全。因为前者乃享受，后者是劳役或伪享受，与幸福无关。(扣题。)

有人说国外流行这样的口号：少赚一点，少花一点，少病一点。

二

人有时不知道自己到底要什么。

如果把一个人的消费愿望摊开,广告导引占三成,如名牌之类;模仿他人占三成,譬如对中产阶级生活方式自觉不自觉的模仿;还有三成是实践童年以及青少年时期未遂之愿,在此,潜意识发生作用。人本能的满足只占一成,饮食男女而已。(科学地分析人的消费心理,提供思考衡量的标准。)

于是,日日杯觥并不幸福。因为广告导引与追随潮流所满足的只是转身即逝的虚荣心,证明他已经成了某种人,譬如富人。证明完了也就完了,而满足童年的愿望属于今天多吃几个包子填充去年某日的饥饿。满足的只是一种幻象。而本能的满足,只需一箪食、一瓢饮,一位贤惠的女人和一张竹席。但人们不甘心于简朴,虽然简朴离真理近而离虚荣远。人用力证明自己是重要的,于是以十分的努力去满足一分的愿望,然而这与幸福无关。(再加题,点明误区所在。)

三

如果有钱并有闲,想从食色层面提升并扩展自己的幸福,需要文化的介入。或者说,文化限制着人的幸福。尼采说:"我发现了一种幸福——歌剧!"对于与古典音乐无缘的人,歌剧则不是幸福,你无法领受图兰朵之中《今夜无人入睡》带来的视听圣餐。明仁天皇迷恋海洋微生物,丘吉尔迷恋油画,爱因斯坦迷恋小提琴,是大幸福,也是文化上的幸福。他们也是有钱的人,倘无文化,也只能蹈入口腹餍厌之途,否则怎么办。(开始立论。)

一些有钱人有烦恼,因为他们的消费与性格有关,与文化无关;与面子有关,与愉快无关;与时尚有关,与需要无关。(用排比句来明确观点。)

四

不久前,我假道太行山区远游,见到那里的农人希望年底能添一头驴或牛,帮助运输和种地。到了县城,酒桌上争说当科长或两室一厅的住房。在北京,听朋友谈打高尔夫球的体会,上果林与入洞等等。而到了深圳,几位巨富比较各自的健康状况。甘油三酯,高密度脂蛋白胆固醇(HDL)。后者在每升血液中多一毫克,心肌梗塞的发生率会下降百分之三。

我想到,太行山农人的甘油三酯和HDL一定最好,让深圳的富豪倾心。目前,在深圳这座人均年龄最轻的城市,高血压、高血脂和高血糖的发病率居全国第一。

这样,又想起海因里希·博尔那篇小说,一个渔夫在海边晒太阳,有游客劝他工作等。此文为人熟知,内容我不重复了。总之,人的努力常常会使目标回到原地,换句话说,人也许不知道自己的幸福在哪儿。

有时,人只为温饱而工作,却没有办法去为幸福而谋划。谋划的结果大多是财富或满足,离幸福仍然很远。

因为幸福太简单,简单到我们承担不了。

五

财富积累的速度如果和人的品位修养的速度不成正比的话,人就成了"享受盲"。(揭示幸福本质,我们以为幸福很复杂,很重,所以准备以九牛二虎之力去肩负它。)

说实话,在静夜暗室,谁知道茅台醇厚何在,宋版书雅洁何在,更别说深窥"扬子江心水,蒙山顶上茶"这种精微的妙谛,包括体味不出伟人说过的"长沙火宫殿的臭豆腐就是好吃"这样本真的滋味。没时间,没心情,也没鉴赏力。当今缺少像王世襄、金受申、老舍一班集雅玩、游戏与享受于一身的生活大师,他们才是生活的主人。

有些人的钱只有两样用途:吃饭与吃药,或者说盛年吃饭,暮年吃药。

财富来得太快了,使许多人准备不足。他们背着财富的重负,跋涉于前往幸福的道路上。

幸福离他们还很远。(扣题。)

六

为什么穷人离幸福很近?

如同朴素离美很近那样,穷人的愿望低而单纯。人在风雪路上疾走,倘遇暖屋烤火,是一种幸福。把汗湿的鞋垫抽出来手脚并感炉火的甜美，与封侯何异?这时倘有一杯热茶与点心，更让人喜出望外。这样的例子太多，如避雨之乐，推重载之车上坡幸无顶风之乐，在街头捡一张旧报纸读到精妙故事之乐，在快餐店吃饭忽闻老板宣布啤酒免费之乐，走夜路无狼尾随之乐。穷人太容易快乐了，因为愿望低，"望外"之喜于是多多。有钱人所以享受不到这些货真价实的幸福是因为此类幸福需要风雪、推车、捡报纸以及走夜路这些条件。(美国女孩露茜的名言是"幸福是一只温暖的小狗"。这可是妇孺皆知的名言。)

穷人的幸福差不多是以温饱不逮为前提的，它在那时翩翩光临。满足了温饱，幸福却变得悭吝，它的阀值升高了。

除非你有意过一种简单的生活。(点明要旨，呼应前文。)

● 读后悟语

"金钱可以是许多东西的外壳，却不是里面的果实。它带来食物，却带不来胃口;带来药，却带不来健康;带来相识，却带不来友谊;带来仆人，却带不来他们的忠心;带来享受，却带不来幸福的宁静。"(挪威剧作家易卜生·H)。

沉浸在作者优雅的情调中，我们能感受到另一种风格:语句富有诗意，舍大篇幅的严密推理，小段跳跃又不使人感到凌乱。积累一些好词好句吧，如醇厚、悭吝、体味……丰富自己的词汇，也是写好作文的一项预备工作。

学 生 作 品

你不往钱包里放钱,就无法从里面取出钱来。

——[英]托·富勒

矛盾

李孜明

钱,对于洁来说,一直是个充满矛盾的话题。(开篇点题。两个逗号的间隔精彩。)

老师说

老师说:"金钱不是万能的。"

从幼儿园开始,老师们就告诉洁:"金钱买不到友谊,买不到健康,买不到快乐……"(金钱敏感症,金钱罪恶观。)她想老师总是对的,只是心里不免冒出个奇怪的念头——老师说富人都是不快乐的,但穷人就一定快乐吗?不快乐不一定就是钱的错,为什么老师一提到"钱"就一副苦大仇深的样子?(注意以下破折号的运用,增添文章表达效果。)金钱虽然不是万能的,但洁一直认为有钱还是比没钱要强。幼儿园时候的洁习惯放学后拐进路边的小铺子用三毛钱买一块糖,然后含着一路走回家。那种甜丝丝的感觉总是让她很满足。她想这算不算是在用金钱买快乐呢?只是她从不曾把这个想法说出来,说出来老师可能会生气的。

奶奶说

奶奶说:"你应该把钱存起来,以后再用。"

长大了一点,洁学会用一个罐存零钱。奶奶告诉她,把钱都存起来吧,将来或许能派上大用场。可惜洁还太小,她不知"将来"究竟是什么时候,奶奶所说的"大用场"又是什么。这种无目的的存钱习惯终于在小心翼翼地坚持了半年后不了了之，那只罐也被遗忘在角落里。再一次想起已是两三年后，望着那半扑满沉甸甸的硬币，洁心中忽然有种莫名的惆怅——她突然觉得，把钱存起来不用或许也是一种浪费。(金钱占有欲，典型的小农意识，这种意识是现代经济发展的思想上的绊脚石。)退出流通的硬币与落满尘埃的废物没什么两样，倒不如让它们痛痛快快发挥作用的好。只是她不敢把这种奇怪的想法告诉节俭的奶奶。("能处处寻求快乐的人才是最富有的人"。你同意这种看法吗?)

爸爸说

爸爸说:"你只要专心读好书就行了。"

洁长到十七岁，却还从没试过到银行存钱，她不懂得鉴别钱币的真伪，不知道肉菜的价格，她觉得自己在理财方面简直一窍不通。洁是幸运的，爸爸妈妈很爱她，以至于她想要什么都可轻易得到，而不必忧心金钱的问题。她只是担心，像她那样连讨价还价都不会的人，将来会不会成为一个废物。然而爸爸只是对她的担心付之一笑:"小孩子，想这么多干什么?"他告诉洁，她只要专心读书就行了。洁摇摇头，沉默了——只要专心读书就行了吗?课本上是不会提到这些的。(金钱迟钝症;不懂得经济是每个人的必修课，是使人幸福的一门艺术。)

洁总觉得，她所受的教育并不能解开她心中的许多疑惑。她不知道是否每一个在城市里长大的孩子，都对钱的问题有那么多疑问。而大人们总是告诉她，有些东西，等你长大了，自然就会明白的。真的是这样吗?洁望着窗外如水的车流，一脸疑惑。(让"矛盾"贯穿全文，对金钱的"困惑"是全文的线索。三个故事各从一个侧面反映世人的不同心态。这样的结尾发人深省。)

同学分析

《矛盾》一文给我们的教育提出了一个严肃的问题:到底应该怎样看待金钱，怎么使用金钱?任何一边倒的教育都无法真正地廓清青少年心中的疑惑。《矛盾》一文提出了三个问题:金钱的作用有多大?钱是应该存起来还是应该花掉?是否应该从小培养经济头脑?作者并非直接地提出这样三个问题,而是设计了一个叫做"洁"的女孩子,用她的成长经历来说明金钱在作者心中是怎样一个充满矛盾的事物。在每一个小故事里,"洁"总是充当一个勇于实践、敢于怀疑的角色,老师、奶奶、爸爸的话在她身上并非圣旨一般不容置疑,她会用自己的眼睛观察,用自己的脑袋思考,从而提出这样三个并不肤浅的问题。这些问题的答案,正如作者自己所说,长大了,就自然会明白的,这是我们的教育鞭长莫及的地方。学校和长辈的教育只是给我们提供一套解决问题的方案,这套方案是否有用,是否完善,还要靠我们自己去发现。

教师点评

　　学校教育和家庭教育较之社会发展有一定的滞后性。换个角度说,我们在学校不能学到应对社会的有效能力。最令人遗憾的是那种思维方式,我们要推倒重来。作者以敏感的眼光、巧妙的故事情节揭示出这一对矛盾。

也谈经济

张之昊

　　记得初一的时候,生物老师布置大家做车前草标本。标本不难做,(从身边现象入手,娓娓而谈。让读者不知不觉追随作者的视野。)车前草却不易买——或者说大家都懒得自己去买——这可是个不大不小的商机。于是便有一位同学在班上做起了小生意:他在市场上买来车前草,一块五一扎,再带回学校卖给同学,价格还是一块五——不过是一块五一棵。一扎里面少说也有七八棵,他这么一来一往,利润可是能有百分之几百。这自然可谓之暴利了。当然,一个愿打,一个愿挨,也没什么好说的。(叙事语言概括,因为叙述是为议论服务的。)

　　后来不知道谁知道了个中"真相",传扬开去,原来买过车前草的同学顿觉气愤难平,吵吵嚷嚷,纷纷指责其"扰乱社会主义市场经济秩序"。可怜那位同学,最后被定性了个"投机倒把分子"。(幽默有趣。加点词语形象生动,写出了特点。)

　　现在回想起来,还挺为那位同学感到冤枉。首先这"投机倒把"就值得商榷,卖点车前草和买空卖空、囤积居奇联系起来未免夸张。再说,小小年纪,就会从事一些买东西以外的经济活动,还是颇有点经济头脑,应当表扬才是。唯一可说的也就是他的价格,要是便宜一些,既算不上"牟取暴利",还能得个"急同学所急,想同学所想"的美名,岂不快哉?这样一来,问题所在便成了不懂经济学。(紧扣中心。)

　　当然,把这点小买卖上升到经济学的高度,也许有点小题大做。但这又能让人想到许多问题:全国各地的城市现在都形成了一种风气,凡是临街的房子必改建为商铺,市容不佳之余经济效益也不尽如人意,还平添消防、卫生隐患;许多商家,特别是在风景点的那些,抱定"你一辈子也就来这么一次"的信念,大宰顾客,臭名远播;一些官员,也开始与国际接轨讲GDP了,一看见GDP增长就来劲,却又从来不去关注这GDP里面有多少是由"拉链路"、"豆腐渣"工程之类创造的……这林林总总,固然也各自牵涉到商业道德、从政思路等,但亦可以用五个字归纳之:不懂经济学。(以小见大,由近及远,上升到经济学的高度。)

　　这一结论还有事实可以佐证。去年我被高一级级长抓到高一级级会上与师弟师妹们"交流",说起自己高一时学政治经济学曾把美国经济学家曼昆的《经济学原理》大略翻了一遍,台下哗然,惊为天人。这确实让人看到些许差距:曼昆的《经济学原理》写得极其生动通俗,据说在美国和港台等地很容易就会发现捧着它看得津津有味的大中学生。而中国的学生,先不要说"津津有味",知道曼昆其人的已是极少。(使用名言,通过"化句"造成新奇效果。)

　　当然我不敢妄加评论什么,或许这也没有什么坏处。记得曾有人说,要是世界上没有人懂经济学,这世界将不可想象。其实这句话反过来说也成立:要是世界上人人都懂经济学,这世界同样不可想象。(结尾再次突出中心。)

同学分析

　　《也谈经济》是一篇生动活泼的议论文。本文结构看似散漫,暗地里却有一条线索贯穿全文,那就是"经济"和"经济学"作为一种现代意识的普及情况。全文始终紧紧围绕着这一点展开。有趣的是,作为一篇议论文,《也谈经济》却给人一种讲故事的感觉,让人产生一种情节紧凑的紧张感。究其原因,是因为本文作者巧妙地用几个新颖别致的小故事串起了全文。卖车前草的故事、商铺的故事、曼昆著作的故事……这些小故事在吸引读者注意力的同时扮演了论据的角色,在不知不觉中说服了读者。更为难得是作者撰写承上启下的过渡语句的本事,如"现在回想起来,还挺为那位同学感到冤枉……"从记叙转到对这种现象的议论:"这样一来,问题的所在变成了不懂经济学……"从闲散的议论中点出文章的主题,进入更深一步的思考。"这一结论还有事实可以论证……"又引出下一个例子,诸如此类,不及细说。总之,议论文要吸引人,要有趣味,本文就是一个很好的范例。

教师点评

本文有随笔风格,轻松流畅,娓娓道来,相信作者的儒雅气质能让你心灵如溪水流过,讲道理可严谨、可幽默,也可以轻松温和。

钱，越多越好?

伦洁盈

　　我们每天都跟钱打交道。有否问过自己，多少钱才能让你满足?钱，是否越多越好呢?
(提出问题是议论文开篇常用方法之一。)

　　有人说，无需太多，满足生活基本需要就好;有人说，当然越多越好，可以证明一个人
的能力;也有人说，钱多点儿，能救济穷人……对于钱的多少，倘若就此作判断，下个结
论，诚然不能让人满意。倒不如先思考一个问题:所谓的钱，意义何在?(本段多用短句，语
势清爽有力。标点运用恰到好处。)

　　从社会需求上看，钱是一个国家巩固政权的支柱。这里的钱，引申为经济实力。一个
国家一旦没有强大的经济实力作支柱，后果不堪设想:敌国攻陷城门，政府手无寸铁坐等
挨打，反动分子乘机兴风作浪，政府亦无法镇压，因为政府无力购买精良的武器，也无力
支撑庞大的军费。外扰内患，国将不国。

　　从科技文化需求上看，钱是物质基础。没有西班牙王室的资金援助，哥伦布的航船
怎么也驶不到新大陆的海岸;没有巨额的研究经费，神舟五号如何也飞不上美丽的太空。
事情如此简单。

　　从个人需求上看，钱是生存的必需品。吃饭要钱，坐公车要钱，看病要钱，读书学习
也要钱。无论物质生活还是精神生活，钱都扮演了重要的角色。

　　由此看来，钱，似乎越多越好。但事实果真如此吗? (似乎已有结论，一个"但"字峰回
路转。)

　　一个再昂贵的足球，对于双腿残废的人犹如废物;阳春白雪在文盲看来成了粪土;高

雅的人体艺术在思想败坏的人眼里成了下流品。同样,钱固然重要,但如果落在心术不正的人手里,钱,就变质了。因此,钱是否越多越好,必须补充一个拥有者的素质问题。(不是下一个简单的结论。)美国首富比尔·盖茨,迄今为止已经为国际健康事业捐赠了250亿美元。其中,今年9月21日,以他和他夫人名字命名的"比尔与梅林达基金会"捐资1.68亿美元帮助非洲国家防治疟疾,25日又向博茨瓦纳捐资5000万美元,帮助防治艾滋病……这里,金钱的最高价值得到了实现,最大意义也得到发挥。从这个层面上说,钱,无疑越多越好。相反,守财奴,拜金者,以钱欺压百姓,干伤天害理之事者,其钱财当然以少为妙了。

不要总认为钱是一切,也不要总觉得钱是肮脏的灵魂。钱的"好"与"坏"是人赋予的。能够尽可能最大限度地实现钱的真正价值和意义,钱多少也就不甚重要了。 (最后,得出一个辩证的结论,一个合理的结论,一个似乎没有回答却解决了问题的结论。)

读后悟语

开篇明义,《钱,越多越好?》在一开始就提出了"钱是否越多越好"的问题。作者没有马上回答这个问题,因为她明白,仓促间做出论断,无论是哪一种答案都会招来非议。只有经过全面细致的论证得出来的结论,才能够站得住脚。下面的论证过程分为两个部分,一是论证钱对于人类的重大意义,作者从社会需求、科技文化需求、个人需求几个方面来谈,论证全面,条理清晰;二是论证人的素质不同,人手中的金钱也会有正反两面的作用。这一段作者具有了一些成对的例子以论证同样的财富在不同人手里的不同作用。其中比尔·盖茨的例子令人印象深刻。经过这一番梳理与分析,作者最后辩证地回答了这个问题:不要总以为钱是一切,也不要总觉得钱是肮脏的灵魂。钱的"好"与"坏"是人赋予的。全文结构清晰、论证严密,是一篇规范的议论文。

教师点评

    这种作文较适合考场应试,其特点是观点鲜明,分层清晰,配以耳熟能详之事例,全文紧凑,节奏感强。